中国社会科学院国情调研特大项目"精准扶贫精准脱贫百村调研"

精准扶贫精准脱贫百村调研丛书

CASE STUDIES OF TARGETED POVERTY REDUCTION AND
ALLEVIATION IN 100 VILLAGES

李培林／主编

精准扶贫精准脱贫
百村调研·景阳村卷

毛南山乡脱贫与振兴

方素梅 ／著

社会科学文献出版社

SOCIAL SCIENCES ACADEMIC PRESS (CHINA)

"精准扶贫精准脱贫百村调研丛书"
编 委 会

主　编：李培林

副主编：马　援　魏后凯　陈光金

成　员：（按姓氏笔画排序）

王子豪　王延中　李　平　张　平　张　

张车伟　荆林波　谢寿光　潘家华

中国社会科学院国情调研特大项目
"精准扶贫精准脱贫百村调研"
项目协调办公室

主　任：王子豪
成　员：檀学文　刁鹏飞　闫　珺　田　甜　曲海燕

总　序

　　调查研究是党的优良传统和作风。在党中央领导下，中国社会科学院一贯秉持理论联系实际的学风，并具有开展国情调研的深厚传统。1988 年，中国社会科学院与全国社会科学界一起开展了百县市经济社会调查，并被列为"七五"和"八五"国家哲学社会科学重点课题，出版了《中国国情丛书——百县市经济社会调查》。1998 年，国情调研视野从中观走向微观，由国家社科基金批准百村经济社会调查"九五"重点项目，出版了《中国国情丛书——百村经济社会调查》。2006 年，中国社会科学院全面启动国情调研工作，先后组织实施了 1000 余项国情调研项目，与地方合作设立院级国情调研基地 12 个、所级国情调研基地 59 个。国情调研很好地践行了理论联系实际、实践是检验真理的唯一标准的马克思主义认识论和学风，为发挥中国社会科学院思想库和智囊团作用做出了重要贡献。

　　党的十八大以来，在全面建成小康社会目标指引下，中央提出了到 2020 年实现我国现行标准下农村贫困人口脱贫、贫困县全部"摘帽"、解决区域性整体贫困的脱贫攻坚目标。中国的减贫成就举世瞩目，如此宏大的脱贫目标世所罕见。到 2020 年实现全面精准脱贫是党的十九大提出的三大攻坚战之一，是重大的社会目标和政治任务，中国的贫困地区在此期间也将发生翻天覆地的变化，而变化的过程注定不会一帆风顺或云淡风轻。记录这个伟大的过程，总结解决这个世界性难题的经验，为完成这个攻坚战献计献策，是社会科学工作者应有的责任担当。

2016 年，中国社会科学院根据中央做出的"打赢脱贫攻坚战"战略部署，决定设立"精准扶贫精准脱贫百村调研"国情调研特大项目，集中优势人力、物力，以精准扶贫为主题，集中两年时间，开展贫困村百村调研。"精准扶贫精准脱贫百村调研"是中国社会科学院国情调研重大工程，有统一的样本村选择标准和广泛的地域分布，有明确的调研目标和统一的调研进度安排。调研的 104 个样本村，西部、中部和东部地区的比例分别为 57%、27% 和 16%，对民族地区、边境地区、片区、深度贫困地区都有专门的考虑，有望对全国贫困村有基本的代表性，对当前中国农村贫困状况和减贫、发展状况有一个横断面式的全景展示。

在以习近平同志为核心的党中央坚强领导下，党的十八大以来的中国特色社会主义实践引导中国进入中国特色社会主义新时代，我国经济社会格局正在发生深刻变化，脱贫攻坚行动顺利推进，每年实现贫困人口脱贫 1000 多万人，贫困人口从 2012 年的 9899 万人减少到 2017 年的 3046 万人，在较短时间内实现了贫困村面貌的巨大改观。中国社会科学院组建了一百支调研团队，动员了不少于 500 名科研人员的调研队伍，付出了不少于 3000 个工作日，用脚步、笔尖和镜头记录了百余个贫困村在近年来发生的巨大变化。

根据规划，每个贫困村子课题组不仅要为总课题组提供数据，还要撰写和出版村庄调研报告，这就是呈现在读者面前的"精准扶贫精准脱贫百村调研丛书"。为了达到了解国情的基本目的，总课题组拟定了调研提纲和问卷，要求各村调研都要执行基本的"规定动作"和因村而异的"自选动作"，了解和写出每个村的特色，写出脱贫路上的风采以及荆棘！对每部报告我们都组织了专家评审，由作者根据修改意见进行修改，直到达到出版要求。我们希望，这套丛书的出版能为脱贫攻坚大业写下浓重的一笔。

中共十九大的胜利召开，确立习近平新时代中国特色社会主义思想作为各项工作的指导思想，宣告中国特色社会主义进入新时代，中央做出了社会主要矛盾转化的重大判断。从现在起到 2020 年，既是全面建成小康社会的决胜期，也是迈向第二个百年奋斗目标的历史交会期。在此期间，国家强调坚决打好防范化解重大风险、精准脱贫、污染防治三大攻坚战。2018 年春节前夕，习近平总书记到深度贫困的四川凉山地区考察，就打好精准脱贫攻坚战提出八条要求，并通过脱贫攻坚三年行动计划加以推进。与此同时，为应对我国乡村发展不平衡不充分尤其突出的问题，国家适时启动了乡村振兴战略，要求到 2020 年乡村振兴取得重要进展，做好实施乡村振兴战略与打好精准脱贫攻坚战的有机衔接。通过调研，我们也发现，很多地方已经在实际工作中将脱贫攻坚与美丽乡村建设、城乡发展一体化结合在一起开展。可以预见，贫困地区的脱贫攻坚将不再只局限于贫困户脱贫，我们有充分的信心从贫困村发展看到乡村振兴的曙光和未来。

是为序！

全国人民代表大会社会建设委员会副主任委员

中国社会科学院副院长、学部委员

2018 年 10 月

前　言

　　本报告为中国社会科学院 2016 年国情调研特大项目"精准扶贫精准脱贫百村调研"子课题成果。

　　2016 年 6 月，笔者率领国家社会科学基金特别委托项目"21 世纪初中国民族地区经济社会综合调查"子课题组在广西环江毛南族自治县开展调研期间，开始关注这个位于毛南族世居发祥地下南乡的贫困村——景阳村。在中共下南乡党委、乡人民政府的介绍中，景阳村地理位置偏僻，自然条件恶劣，经济发展缓慢，是一个典型的大石山区贫困村。然而，照片中所呈现的景阳村，峰丛林立的喀斯特地貌青翠秀美，绕山流转的打狗河风光旖旎，韵味十足的毛南族干栏建筑古朴纯粹，这一切在都市人眼中都是那么的清新和珍贵。同年 10 月上旬，笔者在下南乡前任人大主席谭建明先生的陪同下来到景阳村，第一次和这里的乡亲有了接触，对这个长期与贫困做斗争的毛南族小山村有了初步印象。

　　2016 年 11 月，"精准扶贫精准脱贫百村调研"项目批准将景阳村作为一个子课题的调研对象。按照项目要求，笔者与中国社会科学院民族学与人类学研究所周竞红研究员、华北科技大学李晶讲师，以及中央民族大学和中国社会科学院的在读硕士研究生吴彪、李佳航，于2017年2月中下旬深入景阳村，开展全面的村庄调查，进行村庄问卷和农户问卷工作，并在下南乡政府搜集相关资料与文件。同年9月下旬，笔者与在南宁工作的毛南族知识分子覃文静女士、卢正华先生再次进入景阳村，与驻村第一书记、村党支部和村委会进行较为深入的座谈和交流，并访问了一些村民。12月初，笔者到环江毛南族自治县档案馆及下南乡政府档案室，查阅相关档案资料。在随后的资料分析与撰写过程中，笔者通过电话或微信等方式，与下南乡及景阳村的有关干部群众保持沟通与联系，对发现的问题进行查证和处理。在此基础上，执笔完成了本报告。

本报告所依据的资料，大致分为以下几类。

一是深度访谈资料。课题组三次深入景阳村，与相关人员进行了较为深入的座谈和交流，对象包括中共下南乡党委、乡人民政府领导，景阳村党支部、村委会干部，景阳村驻村第一书记，景阳村民等，并与部分访谈对象进行了多次的交流。

二是村庄问卷和农户问卷资料。村庄问卷涉及自然地理、人口就业、土地资源、经济发展、社区设施、公共服务、村庄治理、文化教育、村民自治、精准扶贫等方面，反映了村庄经济社会发展的基本现状。农户问卷共60份，占景阳村户籍人口（105户）的57.14%，内容包括受访者基本情况、家庭生活条件、收入与支出、健康与医疗、安全与保障、劳动与就业、政治参与、社会关系、娱乐与休闲、子女教育、扶贫与脱贫等。景阳村规模不大，贫困户占比较高，青壮年大多外出务工，易地搬迁居住分散，于是采取随机抽样的办法完成项目规定的 60 份农户问卷，问卷回收整理录入后，主要使用 SPSS 统计软件加以统计分析。

三是各类政府文件、统计、汇报、总结资料，以及景阳村基本信息、建档立卡贫困户数据、"十三五"规划表、"十三五"脱贫工作措施，等等。

四是档案资料。调研地所在下南乡及景阳村的档案资料绝大部分没有进行整理和编目，课题组尽可能地搜索并仔细阅读，获得了一些有价值的资料。

在上述调研活动的基础上，通过对相关材料的研究和分析，撰写了本报告。报告主要包括以下几方面的内容。第一，对景阳村的地理环境、建制沿革、人口变迁、土地资源、婚姻家庭、社会关系、民族文化等进行描述，以便于全面了解村庄基本概况，为其后分析和探讨景阳村贫困治理的艰难历程提供背景知识。第二，对景阳村经济社会发展状况进行梳理，归纳和总结村庄的贫困状况和贫困成因。第三，根据景阳村扶贫工作的特点，着重对易地搬迁的历程及成效进行分析。第四，聚焦景阳村的精准扶贫以及产业转型等，探讨其机制、影响和效果，以及面临的困难与问题。第五是结语部分，对报告的中心思想和主要观点进行归纳总结，提出相应的对策和建议。

总之，本报告力图围绕景阳村的贫困和脱贫，尤其是精准扶贫和精准脱贫情况，描述村庄发展的历史与现状，厘清其扶贫与脱贫的过程、机制和障碍等，评价其精准脱贫和可持续脱贫效果，为我国民族地区的精准扶贫与精准脱贫提供具有学术价值和社会意义的案例。

目 录

第一章

村庄概况

景阳村是一个位于中国西南滇桂黔石漠化区的毛南族小山村，村庄规模不大，村民居住分散，自然条件较为恶劣，人民生活长期处于贫困状态。通过对景阳村的地理环境、建制沿革、人口变迁、土地资源、婚姻家庭、社会关系、民族文化等的描述，有助于全面了解村庄基本概况，客观深入地分析和探讨景阳村及毛南族地区贫困治理及反贫困实践的艰难历程。

第一章 —— 村庄概况 —

第一节　地理、人口与资源

一　地理环境与建制沿革

在广西壮族自治区西北部与贵州省南部交界的打狗河上，有一处风景秀美的河湾——景阳湾，近年来随着基础设施建设和旅游业的快速发展，其美名迅速传播，吸引了一批又一批的游客前来观光游览。紧邻景阳湾的景阳村，逐渐引起外界的关注。这个偏僻寂静的毛南族小山村，地处东经 107° 922′ 766″，北纬 24° 975′ 696″，为广西河池市环江毛南族自治县下南乡的一个行政村，距离乡政府所在地 12 公里，距离县城 72 公里。村庄东边与下南乡波川村相邻，南面与希远村交界，北部和川山镇木论村连接，西边隔打狗河与南丹县相望，村域面积为 27 平方

图 1-1　景阳湾风光

说明：本书照片除特殊标注外，均为方素梅拍摄，2017 年 2 月、9 月。

公里。[①]

　　景阳村所在区域，属于全国 14 个集中连片特困地区之一的滇桂黔石漠化[②]区。根据《中国农村扶贫开发纲要（2011—2020）》及《滇桂黔石漠化片区区域发展与扶贫攻坚广西实施规划（2011—2015）》，广西有 29 个贫困县列入滇桂黔石漠化连片特困区，环江毛南族自治县列于其中。自治县地处云贵高原东南麓，县境西部和北部属于大石山区、半石山区和高寒山区，峰丛、峰林、洼地、谷地、洞穴密布，喀斯特岩溶地貌发育非常典型，于 2014年列入世界自然遗产名录。长期以来，独特的地理环境和自然条件成为影响县域经济社会发展的一个主要因素。截至 2015 年，环江毛南族自治县总人口为 38 万人，其中贫困人口 1.8422 万户 6.6647 万人，贫困发生率达 17.53%。县境西南部大石山区的下南乡，是毛南族世居发祥地，也是全县贫困乡（镇）之一。全乡分为下南、波川、仪凤、

---

①　本书所列材料和数据，除已注释的以外，全部来自课题组实地调查所得的各类文件、报告、总结、汇报、统计资料等，以及所进行的问卷和访谈资料。

②　石漠化是指在亚热带脆弱的喀斯特环境背景下，自然因素及不合理的人类社会活动造成地表植被破坏、退化，导致地表土壤资源大面积缺失，下伏碳酸盐岩大面积出露，土地生产力下降，地表呈现岩石大面积裸露类似荒漠化景观的土地退化过程。关于石漠化的概念与内涵，学术界目前还在讨论。参见袁道先《我国西南岩溶石山的环境地质问题》，《世界科技研究与发展》1997年第 5 期；熊康宁、李晋、龙明忠《典型喀斯特石漠化治理区水土流失特征与关键问题》，《地理学报》2012 年第 7 期；王世杰《喀斯特石漠化：中国西南最严重的生态地质环境问题》，《矿物岩石地球化学通报》2003 年第 2 期；戴全厚、严友进《西南喀斯特石漠化与水土流失研究进展》，《水土保持学报》2018 年第 2 期。中国的石漠化地区，主要分布在贵州、云南、广西、湖南、湖北、重庆、四川和广东八省（区、市）。截至 2011 年底，八省区喀斯特石漠化面积为 45.2 万平方公里，占该区域面积（107.1 万平方公里）的 42.2%。参见国家林业局《中国石漠化公报》，《中国绿色时报》2012 年 6 月 18 日，第 3 版。

图1-2 环江毛南族自治县长美乡喀斯特岩溶地貌

希远、景阳、中南、古周、堂八、玉环、才门、下塘11个行政村（社区），其中7个是贫困村。截至2016年底，景阳村的贫困人口占全村总人口的比例超过50%，在下南乡排在第一位。

环江毛南族自治县于1986年11月经国务院批准成立，是全国唯一的毛南族自治县。县地从唐贞观十二年（公元638年）设思恩县开始行政区域建置，属岭南道环州管辖。经宋至清，其地先后属抚水州、庆远路、河池州、庆远府管辖。民国时期分设思恩、宜北二县，1951年8月，思恩、宜北两县合并建置环江县。毛南族是我国人口较少的民族之一，其先民为岭南土著民族，与百越支系中的僚、伶等有渊源关系，同时融合了一些外来民族的成分，其聚居的地方在历代汉文史籍中曾有"茅滩""茆滩""茆难""茅难""毛难""冒南""毛南"等不同的写法，是因其地而名其族。1956年2月，经国务院批准，毛南族被正式确认为单一民族，定名为"毛难族"。1986 年 6 月，根据本民族意愿，经国务院批准将"毛难族"改为"毛南族"。毛南族主要聚居在广西环江毛南族自治县境内，相邻的南丹、金城江、都安、宜州等自治县、市、区也有分布。根据 1982 年第三次人口普查资料，全国毛南族总人口为 38125 人，其中居住在环江境内的有 31609 人，占毛南族总人口的 83%。1990 年，经过多年全面、科学、客观、深入的调查、分析、比对、研究之后，聚居在贵州省黔南自治州平塘县、独山县、惠水县等地的 3 万余名自称"佯僙"的群众被国家确认为毛南族，自此，全国毛南族总人口有了大幅度增加。根据 2000 年第五次人口普查资料，全国毛南族总人口为 107166 人，其中居住在环江境内的约 6 万人，占毛南族总人口的 56%；居住在贵州的毛南族有 3.2 万人，约占全国毛南族总数的 30%。根据 2010 年第六次人口普查资料，全国毛南族总人口为 101192 人，其中居住在环江境内的 60006 人，占毛南族总人口的 59.30%。

环江毛南族自治县的上南、中南和下南，俗称"三南"或"毛南三乡"，位于县境西部，地域上连成一片，是毛南族的主要聚居区。1933 年，毛南族地区开始设上南、中南、下南三个乡。截至 1942 年，"三南"共有 27 个村的建制。1951 年 8 月，国务院批准思恩、宜北两县合并置环江县，下设 8 个区，"三南"分别划归第二区和第四区。人民公社时期，"三南"的建制几经变动，直至 1984 年 9 月全县撤销人民公社，恢复乡镇建制，上南和下南为毛南族乡，中南不再设乡，成为下南毛南族乡的一个行政

图1-3　下南乡政府所在地——下南社区全貌

村。1987年环江毛南族自治县成立，上南、下南两个毛南族乡改称上南乡和下南乡，共辖14个行政村，365个自然屯。[①]2005年，环江毛南族自治县局部调整行政区划，撤销上南乡，原上南乡的4个行政村（社区）并入水源镇。至此，上南、中南、下南只保留了下南一个乡名，但是"三南"或"毛南三乡"的习称依然在民间流行。

自民国年间设立乡制以来，景阳村一直归下南乡（区、社）管辖。村庄位于下南乡西部，也是环江毛南族自治县的西边县界，与南丹县隔着打狗河相望。村域群山环绕，最低海拔为425米，最高海拔为780米，石山面积占全村总面积的83.5%。当地气候属亚热带季风气候，

---

① 毛南族志编纂委员会编著《毛南族志》，广西人民出版社，2015，第115~117页。

年平均降雨量达 1450 毫米；境内最高气温达 35℃，最低气温为 -1℃，年平均气温为 26℃，全年无霜期达 280 天，年平均日照时间为 145 小时。截至 2016 年底，全村共有耕地面积 433 亩，林地面积近 4 万亩，森林覆盖率达 99%，生物多样性突出，植物种类丰富。除了打狗河流过村域西部，全村没有其他河流溪水，村民依靠山泉和雨水生活。由于山多地少，居民居住分散，形成"多者十五六户、少者两三户"的自然屯。

根据 2016 年底的统计，景阳村居民以谭姓为主，其次为莫姓和卢姓，少数几户为陈、韦、潘、殷、赵、王姓。因无民族文字，关于毛南族的史料记载非常缺乏，景阳何时形成村屯也无法考证。在村民的记忆中，他们祖辈世代生活在这里。根据毛南族《谭家世谱》① 所载，谭家

图1-4 景阳村洞任屯远眺

① 《谭家世谱》由谭灿元于清代乾隆五十三年（公元 1788 年）所撰，记载谭家世谱及毛南族族源传说，并勒石永存。碑今存下南乡波川村小学内。

图1-5 《谭家世谱》碑

始祖是"湖南籍常德府武陵县东关外城太平里通长街古灵社，特授河池州知州事加三级记录二次，号谭三孝"。谭三孝于明代嘉靖二年（公元1523年）中进士，被粤东督抚梁大栋拔擢广西河池州知州。"莅任三年，厂务水灾，归贡（空）厂税银八千，无由填足，遂罢职归隐，逃散异乡"，几经迁徙，最后"移居毛南土苗地方，卖货生理"。后与土著方振刚联姻结盟，家族繁衍，"生男育女。玲珑智慧，由是父而子，子而孙，不知几数"。这些传说在毛南族民间流传深广，反映了至迟在明清之际毛南族已经成为一个较为稳定的民族群体，谭氏大姓在毛南三乡的分布逐步形成。故此推测，景阳谭姓居民应当也有数百年的历史。

20世纪50年代以来，景阳先后经历了乡、区、公社、大队、乡的建制变化。1951年8月，环江县成立，下设8个区，毛南族聚居的下南地方为第四区（后称下南区），景阳属于第四区的一个乡。1958年，人民公社成立，下南区改称和平公社，景阳成为其中的一个大队。1959年，和平公社改为下南公社。1962年，恢复下南区制，景阳大队改为景阳公社。1969年，各区重新改称公社，景阳再次改为景阳大队。1984年9月，环江县废除政社合一的人民公社体制，全县划为3镇、9乡和3个民族乡。毛南族聚居的上南和下南分别设立上南民族乡和下南民族乡，景阳属下南民族乡，改大队为行政村，改生产队为村民小组，自此景阳村名延续至今。1987年，环江毛南族自治县成立，下南民族乡撤销，改为下南乡。

二 人口规模与土地资源

据不完全统计，20世纪50~90年代的半个世纪中，景阳的人口规模维持在600余人至700余人。1952年，景阳建制为乡，共有163户780人，分布在44个自然屯。[①]1964年，景阳建制为公社，共计139户，651人，分为峒任、必京、要向、东扬、拉样、巴芽、上告、峒雅、峒诣、松

---

① 《各乡人口、面积、自然屯、户数综合统计表》（1952年）、《环江县第四区各村牲畜保险情况表》（1952年5月6日），环江毛南族自治县档案馆藏，全宗号80。

园 10 个队。①20 世纪 70~80 年代，景阳建制为大队，生产队数增加到 11~13 个，自然屯数不详（见表 1-1）。

表 1-1　1952~1982 年景阳村人口情况统计

单位：队，户，人

项目 年份	生产队数	户数	人口数	其中		民族			劳动力	其中	
				男性	女性	壮族	毛南族	汉族		男劳动力	女劳动力
1952		163	780								
1964	10	139	651	324	327	104	546	1			
1972	11	128	693	340	353				221	108	113
1973	11	126	688	341	347	164	524		251	128	123
1977	11	136	736	371	365	134	602		246	130	116
1978	12	132	722						252		
1979	12	138	743						236		
1980	12	136	756	384	372	119	639		235	131	104
1982	13	124	786	419	367	171	615				

注：表中 1980 年的民族一栏，壮族 119 人，毛南族 639 人，与人口数 756 不符，疑为当时统计错误。

资料来源：环江县人民委员会《社、队设置及户数、人口、劳力统计表》（1972年）、《农村人民公社一九七八年收益分配统计表》、《农村人民公社一九七九年收益分配统计表》，下南乡人民政府档案室藏，无宗号；《下南公社农业生产统计资料》（1973年度）、《下南公社景阳大队农业生产统计资料》（1977 年度）、《下南公社景阳大队农业生产台账》（1980 年）、《毛难族地区经济情况调查统计表》（1982 年），环江毛南族自治县档案馆藏，全宗号 80。

进入 21 世纪以后，由于在打狗河上兴建下桥电站以及扶贫移民搬迁②等，景阳的人口规模发生了很大的变化。

① 《人口变动情况普查统计表（一）》《各民族人口普查统计表（三）》，广西环江县景阳公社、公安派出所 1964 年 7 月 5 日填写，环江毛南族自治县下南乡政府档案室藏，无宗号。景阳的自然屯名多为毛南语音译，在不同历史时期的材料中，译名用字有所不同。如"峒任"或作"洞任"，"上闸"或作"上脑"，本书依照材料所录进行记载。
② 新中国成立初期，环江县即开始组织山区群众进行易地搬迁移民活动，20 世纪八九十年代形成高潮并延续至今。详见第三章内容。

据 2007 年统计,景阳村共有 134 户 534 人,其中毛南族 533 人、瑶族 1 人,居住在 19 个自然屯,分为 14 个村民小组。另据 2014 年底统计,景阳村共有 108 户 371 人,分为 13 个村民小组(见表 1-2)。

表 1-2　2014 年景阳村各村民小组基本情况

村民小组	人口(人)	户数(户)	耕地面积(亩)
洞平	6	3	8
洞诣	20	6	18
洞任	55	12	45
洞坡	16	5	8
必京	42	10	20
洞阳	68	17	32
上忙	16	7	30
要向	38	8	40
上闹	24	8	32
松园	18	5	50
巴芽	38	13	60
洞崖	15	8	28
上告	15	6	27
合计	371	108	398

资料来源:精准扶贫精准脱贫百村调研景阳村调研。

说明:本书统计图表,除特殊标注,均来自景阳村调研。

截至 2016 年底,景阳村户籍人口已经减少至 105 户 297 人,其中:男性 175 人,女性 122 人,劳动力 193 人。在全村总人口中,毛南族占 98.7%,壮族占 1.3%。[①] 他们分散居住在 22 个自然屯,分为洞平、洞诣、洞任、洞坡、必京、洞阳、上忙、要向、上脑、松园、巴芽、洞雅、上

① 20 世纪 80 年代中期,景阳村部分居民按照政策规定,更改民族成分为毛南族。

告等 13 个村民小组，村党支部和村委会所在地为必京屯。全村自然屯数及人口总数，都呈现大幅减少的特征。

图 1-6　景阳村党支部及村委会办公楼

景阳村地处大石山区，可耕地面积长期维持在 1100 余亩至 1300 余亩，仅占土地面积的 17% 左右。这些耕地以陡坡地、石山地、石缝地等旱地为主，土地分布零星，土层薄石头多，土质多为棕泥色，部分是风化碎石泥，耕层浅，黏性差，不耐旱，土壤瘦瘠，加上地势陡，保水性能差，水土易流失，部分土地石漠化严重，一般年景收成都很低。同时，受岩溶地貌影响，地表水渗透严重，地表水源及河流很少。整个下南乡除了打狗河，境域没有河流。打狗河发源于贵州省从江县、榕江县和三都水族自治县交界处的月亮山西南麓，进入广西壮族自治区境内后，先后流经环江毛南族自治县的木论、景阳、希远、下塘等村，入河池市金城江区境内汇入龙江，在毛南族聚居区流

图1-7　景阳村较大的平地之一——洞阳屯

域面积为804平方公里。打狗河流经崇山峻岭，界河河段两岸悬崖陡壁，河床与河岸的高差在100米左右，加之山道崎岖，交通不便，除了近年修建下桥电站外，还没有对河水能源进行其他开发利用。[①]景阳村虽然邻近打狗河，但因山高谷深，居住分散，绝大多数村民难以利用河水进行灌溉，长期存在人畜饮水困难。

　　新中国成立前，景阳部分家庭拥有少量水田。如谭玉弟一家有田0.6亩、地7亩，谭英机一家有田3亩、地3亩，谭东甲一家有田2亩、地8亩。他们在土改中均划分为中农成分。[②]20世纪70年代以后，景阳基本没有了水田，耕地几乎都是旱地了（见表1-3）。

[①]　毛南族志编纂委员会编著《毛南族志》，广西人民出版社，2015，第1、95~99页。

[②]　《环江县下南公社景阳大队阶级成分登记表》，1975年11月30日，下南乡人民政府档案室藏，无宗号。

表 1-3　20 世纪 70~90 年代景阳村耕地面积情况统计

单位：亩

项目 年份	年末实有耕地面积总计	其中		集体耕地面积		社员自留地面积	
		水田	旱地	水田	旱地	水田	旱地
1973	1199	10	1189	10	1127		62
1977	1289		1289		1227		62
1980	1250		1250		1163		87
1982	1164		1164				
1993	1312		1312				

资料来源：《下南公社农业生产统计资料》（1973 年度）、《下南公社景阳大队农业生产统计资料》（1977 年度）、《下南公社景阳大队农业生产台账》（1980 年）、《毛难族地区经济情况调查统计表》（1982 年），环江毛南族自治县档案馆藏，全宗号 80;《1993 年上半年下南乡产量综合表》，下南乡人民政府档案室藏，无宗号。

20 世纪 80 年代以来，随着家庭联产承包责任制的推行及生产力的提高，景阳的土地不断被开垦，全村耕地面积曾经超过 1700 余亩，生态环境遭到较大破坏，村民生活却没有得到改善。20 世纪 90 年代，国家开始重点对滇桂黔地区进行石漠化治理。2000 年起，环江毛南族自治县人民政府开始实施退耕还林政策。根据有关政策，经林业部门统一规划，毛南族聚居地区对那些粮食产量低而不稳，水土流失严重的坡耕地，特别是大于 25 度的陡坡耕地，以及易造成土地石漠化的石质山地，按照有关技术标准进行造林绿化。国家以每亩退耕地 300 斤粮食、20 元现金给退耕农户作补偿。截至 2003 年，下南乡实现退耕还林共计 4757.07 亩。在全乡 11 个行政村中，符合条件实施退耕面积最大的为下塘村，其次则为景阳村。造林绿化的树种主要有任豆树、板栗树和香椿树。截至 2012 年，毛南族聚居的下南乡及水源镇等地，森林覆盖率达到82.9%，生态环境有了很大的改善。① 截至2014年，景阳村共退耕地面积1320亩，种植了任豆、香椿等树种，森林成熟由林农自主经营，永续使用。退耕还林后，景阳村已经不具备种植经济作物的条件，只有少量旱地用于种植玉米、黄豆及红薯，主要用于补充家庭养殖所需饲料，村民生活所需米、面及蔬菜等均需购买。村民经济来源主要依靠退耕还林和生态自然林补贴、家庭养殖及外出务工。截至2016年底，全村共有旱地433亩、生态公益林39814.2亩、畜禽饲养地4500亩和牧草地50亩。

第二节　婚姻家庭与民族文化

一　婚姻家庭和社会关系

毛南族多同族、同姓聚居在一起。毛南族有谭、覃、卢、蒙、韦、莫等姓，其中谭姓人数最多，约占当地毛南族总人口的80%以上。在历史上，以血缘为纽带聚居是原始氏族公社的一种风俗，毛南族至今基本上仍以同姓氏族构成村落，谭、覃、卢、蒙等大姓村民很少杂居。毛南族

---

① 毛南族志编纂委员会编著《毛南族志》，广西人民出版社，2015，第102、287页。

图1-8　景阳村洞阳屯村落形态

的山区村落比较分散，六七户为一村者颇多；平地村落多为十户至数十户，大的村也有百余户的。平地村寨相距较近，有二三里内为一村的，也有四五里一村的；山区村寨则相距较远，有十里乃至数十里为一村的。景阳村亦以谭姓为主，村民居住分散，自然屯最多时达40余个，最少时只有22个。

毛南族不禁民族之间的通婚，同宗五服内不通婚。历史上，毛南族认为同姓皆兄妹，一般同姓不婚，但是由于谭姓人口众多，于是改同姓不婚为同姓除五代直系亲属不婚外，其他不受限制。一些小姓仍然奉行同姓不婚的习俗。旧时，因地理位置偏僻、交通不便，毛南人有姑表婚、不落夫家、兄终弟及（或弟终兄及）等习俗，流行早婚，少数人纳妾，容许离婚、再娶（再嫁）。毛南族对娘家人很敬重，在婚姻问题上，舅舅的地位高于父亲，外甥和外甥女的婚嫁往往首先要征求舅舅的意见。传统婚姻仪式一般有几个主要过程：踩门，即女方上男方家认亲；结婚典礼，在男方家宴请宾客；发棉，新婚媳妇回娘家小住几天，再由夫家接回，然后才算正式过门。

改革开放以来，随着经济社会的发展、外出务工人员的增多、社会交往的扩大，毛南族的婚俗已经发生了很大的变化，青年男女一般都是自由恋爱，与其他地区、其他民族的通婚现象不断增多。在课题组的访谈中，了解到景阳村也有一些村外乃至远乡的通婚例子。如出生于20世纪60年代末期的谭某，一人住在打狗河边多年，以打鱼为生，2016年在姐姐、姐夫的帮助下与河对岸南丹县的一个瑶族姑娘成家；出生于20世纪80年代初期的谭某，十余年前在外地务工与妻子相识以后成婚，妻家为打狗河对岸南丹县的毛南族；出生于20世纪80年代的谭某，到广东打工与当地姑娘恋爱，2016年结婚生子，妻子还在读大学。

毛南族实行小家庭制，儿子结婚成家后立户单过，父母一般与幼子生活。在社会上奉行尊老爱幼的准则，老人一般都会得到尊崇和照顾。毛南族十分讲究"添粮补寿"。他们认为，吃"百家米"会使疾病缠身的老人早日康复，延年益寿。因此，孝顺的儿女往往在父母60岁大寿或重阳节的时候设宴请酒，赴宴的亲朋好友各自携带三五斤大米及礼金来贺寿。这些米将装在一口缸里，平时老人感到不适的时候就抓一把米煮吃。若米快吃完了，需另举办"添粮补寿"仪式。如果家庭经济有困难办不起"添粮补寿"仪式，就由老人自己去赶圩"讨粮补寿"。课题组在实地调研时，正好碰到一户人家在村委会给老人举办"添粮补寿"仪式，摆了两桌酒席请亲友来参加。

通过对景阳村 60 份农户问卷进行分析，可以大致了解目前村民婚姻家庭的一般状况（见表 1-4）。

表1-4　景阳村受访户婚姻状况

单位：户，%

类型	频率	百分比
已婚	35	58.3
非婚同居	2	3.3
未婚	18	30.0
离异	1	1.7
丧偶	4	6.7
合计	60	100.0

从表 1-4 中可以看出，受访户大部分是已婚状态。其中，已婚的比例为 58.3%，非婚同居的比例为 3.3%。受访户未婚的比例为 30%，考虑到受访户多为青壮年，未婚比例较高。其主要原因在于山区贫穷，改革开放以来越来越多的妇女希望嫁到山外，山外女性却很少愿意嫁到山里。受访户中离婚的比例只有 1.7%，说明婚姻关系总体比较稳定。根据问卷统计，受访户夫妻间非常信任的比例为 35%，比较信任的比例为 25%，二者占比达到了 60%。有 55% 的受访户表示，夫妻间遇到大事会商量，明确表示很少商量和不商量的只占 5%。受访户对当前的婚姻状况表示非常满意的比例为 21.7%，表示比较满意的比例为 43.3%，表示一般的比例为 1.7%，表示不太满意的比例为 10.0%，表示很不满意的比例为 16.7%，表示无所谓的比例为 5.0%。可见，大部分受访户对当前婚姻状况表示满意（见表 1-5）。

表1-5 景阳村受访户对当前婚姻状况的满意情况

单位：户，%

类型	频率	有效百分比
空白	1	1.7
非常满意	13	21.7
比较满意	26	43.3
一般	1	1.7
不太满意	6	10.0
很不满意	10	16.7
无所谓	3	5.0
合计	60	100.0

历史上，毛南族先民经历过血缘氏族组织的发展阶段，其遗迹在毛南族社会中长期存在。如在《谭家世谱》及传说中，他们于明清时期曾经有过"轻"（或称"疆""强"）的血缘氏族组织。一个"轻"管辖一定的范围，同"轻"的人即同一个氏族，不能互相通婚。明清时期，毛南族民间仍然盛行具有原始民主性质和自治内容的村落社会组织——隆款。一个"隆款"由一个或几个村子组成，村里的成年男子定期集会，推举办事公正、能说会道、能力强、威望高的老人为乡老，主持制定乡规民约。乡规民约定下来后，就刻在石碑上，立于祠堂前面的道路旁，"隆款"内的民众共同遵守。乡规民约的内容一般包括：不得到龙脉地开荒损坏风水，禁止到他人山林砍柴，禁止偷盗，打架误伤人命要罚款赔命，捉奸拿双男方罚款，未婚怀孕打胎并罚男方向全村"安龙谢土"、祭神赔罪等。[1]

20世纪30年代设立乡制以来，毛南族地区的政治体

① 《毛难族简史》编写组：《毛难族简史》，广西民族出版社，1983，第14页。

制逐步与内地一体化，至中华人民共和国成立前夕"隆款"组织已经接近瓦解。不过，传统的社会组织和社会关系依然在乡村治理中发挥着重要的作用。例如，乡规民约的传统在"毛南三乡"一直传承至今。中南村村民委员会于 2007 年 3 月 26 日起刻立在村头的村规民约包括社会治安、消防安全、村风民俗、清洁工程、邻里关系、婚姻家庭、财产继承、纠纷调处等几大部分，共计 35 条细则，并对违反约定的行为制定了处罚办法。[①] 在市场化、商品化、信息化的当今时代，毛南族聚居区的社会关系依然保留了农业社会中重视亲缘和地缘的传统。在景阳村 60 份农户问卷中，关于"临时有事时一般找谁帮忙"的问题，课题组设置了几组选项。其中，在第一组选项中，回答"找直系亲属帮忙"的占 60%，"找其他亲戚帮忙"的占 38.3%，"找村干部帮忙"的占 1.7%；在第二组选项中，没有回答问题的占 10%，回答"找其他亲戚帮忙"的占 46.7%，回答"找邻居或老乡帮忙"的占 40%，回答"找村干部帮忙"的占 1.7%，回答"找朋友或同学帮忙"的占 1.7%。从问卷中来看，景阳村民临时有事，大部分受访者首先会想到找亲属帮忙，其次是邻居或老乡，只有极个别人想到找政府组织或村干部帮忙。在关于"急用钱时会向谁借"的问题中，受访者的回答也体现出重视或依靠亲属及邻里的特点（见表 1-6、表 1-7）。

[①] 笔者于 2008 年 4 月在下南乡实地调查时，对中南村的村规民约进行了拍照抄录。

表1-6　景阳村受访户急用钱时你向谁借（1）

单位：户，%

类型	频率	百分比
直系亲属	37	61.7
其他亲戚	22	36.7
村干部	1	1.7
合计	60	100.0

表1-7　景阳村受访户急用钱时你向谁借（2）

单位：户，%

类型	频率	百分比
空白	10	16.7
其他亲戚	27	45.0
邻居或老乡	21	35.0
村干部	1	1.7
朋友或同学	1	1.7
合计	60	100.0

　　根据问卷分析结果，景阳村的受访者极少与政府干部发生社会关系，亲属中担任村干部的比例也不高，或许这是他们遇到困难很少直接向村干部求助的原因之一（见表1-8）。

表1-8　景阳村受访户亲戚中是否有干部

单位：户，%

类型	频率	百分比
村干部	5	8.3
乡镇干部	1	1.7
无	54	90.0
合计	60	100.0

二　民族文化及其特点

毛南族有自己的语言，其语言属汉藏语系壮侗语族侗水语支。毛南语和壮语、侗语、水语、布衣语、仫佬语有密切关系，尤其与水语更为接近。它的结构与壮侗语族诸语基本相同，都是"主语—谓语—宾语"的词序结构，修饰语一般都放在被修饰语后面，如"肉汤"直译为毛南语即成"汤肉"，"好人"则成"人好"，即平时人们所说的"倒装句"。毛南语共有66个声母、86个韵母、8个声调，其中舒声调6个、促声调2个。毛南语的每个音节都有声调，声调具有辨别意义的作用。同一声韵的音节，由于声调不同，便表示不同的意义。长期以来，毛南族人民与睦邻的汉、壮族人民互相往来，互相学习，许多毛南人都会讲汉语和壮话，而杂居和睦邻毛南地区的汉、壮族人也会讲毛南语。课题组在实地调查中发现，除了六七十岁以上的年长者，景阳村民一般都可以使用汉语西南方言的"桂柳话"（即流行于桂林至柳州一带的汉语方言）进行日常交流，对于汉语普通话的理解能力则存在不同程度的差异。目前有一种普遍现象，即年轻家长喜欢使用普通话与学龄儿童（包括幼儿园学生）交流。

毛南族没有本民族的文字，但民间流传的歌本和师公唱本，曾借用汉文方块字记录本民族的语音。借用的方法是，有的取其音，有的取其义，也有的用偏旁加音或加义，形成一种特殊的"土俗字"。但这种文字没有流行开来，作为正式的书信、契约和文章，毛南族仍然通用汉文，并且还吸收了不少汉语词汇来丰富本民族的语言。清代乾隆年间，"三南"地区开始出现私塾和蒙馆，清末民初官办学堂发展迅速，景阳村也出现了小学，至此学校教育逐步在民间普及开来。毛南族的文学艺术多姿多彩，既有本民族独特的内容和形式，又吸收了汉、壮等兄弟民族的文化精华。毛南族的民间文学在其整个文学中占主要地位，主要有史诗、故事、民歌、寓言、谚语等，真实地反映了毛南族人民的道德观、价值观和艺术修养。像《盘古的传说》《三九的传说》《太师六官》《顶卡花》《七女峰》《恩爱石》等作品，被毛南族人民世代传颂。毛南族是个善歌的民族，唱歌成为毛南族生活中的一个有机组成部分，也是毛南族民间最普遍的文娱活动。节日要唱歌，赶圩要唱歌，上山劳动要唱歌，建房造屋要唱歌，谈情说爱要唱歌，结婚行礼要唱歌，民间祭祀活动要唱歌，甚至哄小孩睡觉也要唱歌。他们常以山歌表达自己的感情，歌者常常触景生情、随编随唱。在毛南山乡，每个村寨都有出名的歌手，被民间称为歌师、歌王。他（她）们唱歌往往是连续几天几夜，废寝忘食。

毛南族历史上信仰"万物有灵"的原始宗教，民间有多种自然崇拜，包括山、水、树、雷、电等诸神，还有祖先崇拜和人物崇拜。其中三界公是毛南族最崇敬的善神，人们认为他能保佑丰收、维护人们身体健康，因而视之为无所不在的神，不仅每个家庭均设有三界公爷神位进行供奉，许多村子在过去还都建有三界庙供人们四时祭拜，特别是毛南族最隆重的节日——"分龙节"，其主要活动就是在三界庙前祭祀三界公。他们对祖先、鬼神的祭祀带有浓重的原始宗教色彩。祭祀祖先、鬼神的活动大致可归纳为三大类，即敬神、送终和驱鬼。掌管敬神法事者，毛南人称为"婆套"，即师公；掌管送终法事者称为"吉生"，意译为"先生"，即道士；掌管驱鬼法事者，称为"匠母"，即巫师，或称鬼师。其余还有降神法童、风水先生、鬼谷先生（兼占卜等）。敬神活动又分三种，毛南人叫"肥套"、"肥庙"和"朝龙"。"肥套"即"还愿"，是向神祈求子女和人丁、牲畜、钱财旺盛的敬神活动。活动以家（户）为单位，一般进行3天3夜，也有极少人做5天4夜或7天6夜。"肥套"仪式融合了毛南族的口头文学、山歌、舞蹈、音乐、打击乐、戏等艺术元素，是当地内容

图1-9 毛南族"肥套"之傩面具

（图片来源于网络，2014年7月）

丰富的民俗活动，承载着毛南人祈求民族生生不息，冀望来年风调雨顺、五谷丰登的美好愿望。2006年，"肥套"经国务院批准被列入第一批国家非物质文化遗产名录。

毛南族的节日有春节、清明节、端午节、中元节（即敬宗节）、中秋节和分龙节，其中分龙节是毛南族特有的传统节日。因毛南山乡易旱易涝，五谷收获常无保障。人们根据某种宗教意识，认为每年夏至后的头一个辰（龙）日是水龙分开之日，水龙分开就难得风调雨顺，所以要在分龙这一天祭神保禾苗，相沿而成为传统的农业祭祀节，称为分龙节。20世纪初叶之前，每年过节都先聚众于庙堂内外活动，故又称为"庙节"。它没有固定的日子，是从每年的夏至之日起，按地支顺序，数到第一个辰日（分龙日）就是"下团庙"；"上团庙"比"下团庙"提前5天，即从辰日起倒数至亥日便是。庙节的特点是：第一，以自然村屯为单位，自筹资金买牛，然后请师公到三界庙前举行"椎牛仪式"，以牛血祭奠三界公，祈求风调雨顺，禾苗丰收，人畜安康；第二，各家都蒸五色糯饭和粉蒸肉赠送亲戚朋友，出嫁的妇女回娘家与父母兄弟姐妹吃团圆饭，然后村上开展各类娱乐活动，男女青年多走坡对歌。民国以后，"椎牛仪式"基本被弃，活动内容侧重于娱乐方面。2010年，"分龙节"被列入广西壮族自治区第三批区级非物质文化遗产名录。2009年以来，环江毛南族自治县连续举办"环江·毛南族分龙节"活动，并先后被评为"中国品牌节庆示范基地""中国最具特色的民族节庆"，成为广西壮族自治区十大节庆品牌之一。

图1-10　2016年"环江·毛南族分龙节"活动场景

毛南族饮食简朴，过去不同聚居地区有不同的习惯。在小平原、小平坝上，人们以大米为主，玉米、小麦为辅。平时吃大米饭或稀粥，过节过年做米粉、米糕、五色糯饭、糯米糍粑等。在山区峒场，人们以玉米为主，小麦、高粱、红薯、豆类为辅，生活比较艰苦。他们喜欢吃猪、牛、羊、鸡、鸭等肉类，有吃酸食的传统习惯，在其族谱中曾有"百味用酸"的记载。此外，毛南族还喜欢制作几种特殊的食品。一是"毛南饭"，其制法是：用清水将竹笋泡浸，去其苦味，然后用冷清水煮熟，加入玉米粉、豆角、南瓜丝、生姜混合蒸热，再加入南瓜苗、南瓜花及适当的辣椒、油、盐等即成。二是甜红薯，其制法是：秋天把红薯收回来，选大个又无损伤的薯块，摊在晒排上，白天让太阳暴晒，夜晚让露水浸打，二三十天后，收回放在火灶边的地窖里贮藏，使之充分糖化，吃时将薯块洗净，蒸或煮均可，熟后皮薄如纸，薯肉透明晶亮，味道鲜甜清香。三是魔芋糕，制法是：将魔芋薯块洗净，放到石磨中磨成浓浆，然后用饭瓢舀入浓度相当的碱水或石灰水熬煮两三个小时，使之透熟，并凝结成米糕状，再放到清水里泡浸。吃时切成薄片，用油炒，配以番茄、青椒、生姜等佐料。这是毛南族的一道好菜，民间称之为"山牛肉"。四是"毛南三酸"，即"罗番""脯清""脯醒"（均为毛南语）等酸品，风味独特。改革开放以来，人们的生活水平不断提高，毛南族群众在保持传统饮食文化的同时，饮食结构和习惯都有了明显的变化，区域间的差异性不断缩小。

毛南族的传统服饰简洁朴素，过去男女都喜欢穿青、蓝色（用蓝靛染制）土布衣裤，很少穿黄色和白色衣服，只有孝服用白布缝制。毛南族女装最大的特点是镶有3道花边的右开襟上衣和滚边裤子。衣领到衣襟镶有黑色花边，花边有大和小之分。大花边费工少，缝制较容易；小条花边细小，缝制手工精细，穿起来也显得精致、美观。女裤的裤脚也镶3条黑色花边，花边大小要和上衣一样。盛装时头上缠巾，发髻插银或玉衣襟挂银牌；手戴银镯或玉镯，脚穿绣花鞋，肩背精致的"顶卡花"（花竹帽）[1]。毛南族男装称为五扣衣，也同女装一样开右襟，但不镶花

---

[1] "顶卡花"是毛南语，意为"在帽底编织花纹"，当地人称为花竹帽。这是一种用金竹和墨竹的蔑子编织而成的帽子，工艺精致，花纹美观，形状大方，结实耐用，具有很高的艺术价值和应用价值，深受毛南族及当地各族人民的喜爱，曾经是毛南族青年男女的定情物之一。2011年，毛南族花竹帽编织技艺经国务院批准列入第三批国家级非物质文化遗产名录。

边。它的特点是有 5 颗晶亮的铜扣，毛南语称"骨娥妮"，意即五颗扣的衣服。领扣 1 颗，右襟 3 颗，和领扣垂直相对，安在肚脐位置一颗。男装下面开襟，衣服口袋和女装一样，缝在右衣襟里不外露。盛装时戴的头巾，长约 8 尺，从左到右有规律地缠在头上。腰缠 8 尺长的黑色腰带，腰带两头用红、黄、蓝、白绒线镶成锯齿形的布须。下面穿宽筒裤子，脚穿白底黑面的布鞋。妇女儿童喜戴一些银饰，妇女银饰包括银手镯、银耳环、银项圈、银麒麟、银环、银簪、银钗、银梳等；小孩一般戴银锁，用意在于驱邪禳灾。改革开放以来，随着经济社会的发展和各族人民之间交流交往的加强，毛南族人的穿着逐渐与内地相同，只在一些老年人中保留传统服饰，中青年人在节日或重大活动时也常常穿民族服装。

第二章

经济社会发展

20世纪50年代以来，景阳村与中国所有的乡村一样，共同经历了一系列的变革，走上了中国特色社会主义的道路。尤其是改革开放以来，景阳村的面貌发生了显著的变化，人民生活水平有了较大的提高。不过，由于历史和自然原因，景阳村的经济社会发展相对缓慢，表现出滇桂黔石漠化区贫困村的典型特征。这些是开展精准扶贫精准脱贫工作必须面对的问题。

第一节　经济结构与生产力水平

一　经济发展历程

　　毛南族聚居的上南、中南、下南等地群山连绵，层峦叠嶂，熔岩遍布，是典型的大石山和半石山地区。在大石山区里，到处是蜂窝状的一块块小耕地，因土地瘠薄，日照期短，加之水源缺乏，农业生产条件较差，只能种植玉米、红薯、小米等旱地作物和杂粮，耕地和村屯极为分散，俗称"峒场"；在半石山区里，石山之间夹持着大小不等的平地及潺潺流水，因气候温和，雨量充沛，光照充足，被引水开辟为稻田，形成了人口密集的村镇，被称作"田峒"。在长期的历史发展过程中，毛南族主要从事传统的农业生产。由于居住的地方重峦叠嶂，耕地不足，水源缺乏，他们便在石山岩缝中把每一寸土地都开发出来，垒石保土，可以说惜土如金。居住在田峒的毛南族人耕作极其精细，水田往往要一遍又一遍地翻耕，把田中的土疙瘩全部捣碎再栽秧，精耕细作，所以他们的水稻产量比较高；居住在峒场的毛南族人在山地的种植中则采用套种、间种等方法，为当地的农耕技术积累了丰富的经验。毛南族聚居的大石山区可耕的土地不多，而且多为零星小块，难用牛耕。但山上有丰美的牧草，适于发展养殖业。因此，毛南族人早在数百年前就摸索出一套独特的饲养菜牛的方法，形成了

图2-1　下南乡希远村农户的牛圈

一项独具民族特色的经济产业。民国《思恩县志·经济编》记载其法为："有一特别情形，彼全不放外出，除取草供其吃食外，又用饲猪之食料饲之。每饲一只重百斤或百余斤，肥胖似猪，即宰杀削卖，以博厚利。"毛南族菜牛肉深受当地各族人民的喜爱，民国时期即远销香港乃至东南亚地区，如今更成为振兴毛南乡村的特色经济产业。除了菜牛以外，长期以来毛南族人民还主要以养殖猪、羊、鸡、鸭、兔等作为副业，其产品既供家庭消费，也在集市上出售。

历史上，毛南族聚居地区的经济社会发展十分滞后，山区农民生活极端困难。据调查，20世纪50年代以前的毛南山乡"九分石头一分土，十年九旱穷山沟"，一年普遍缺粮两三个月，每天只能吃两餐拌以瓜菜、红薯的稀饭，经常缺少油盐。① 地处大石山区的景阳村，生产生活条件更为艰苦。因缺水源，人们主要种植玉米、红薯、小米、黄豆、南瓜、高粱等旱地作物；因土薄石多，人们只能在石头缝中抠土耕作，全村耕地较为分散，有的地块甚至只有巴掌大。这不仅增加了劳动量和劳动强度，而且限制了农业机械的使用，导致功效较低，同时因为缺乏水源、日照不足，以及经常遭受旱、风、虫、兽等灾害的袭击，粮食产量既低又不稳定。为维持生活，村民兼营养殖和其他副业，生活水平普遍不高。

长期以来，景阳村民都期望能够摆脱贫困，过上比较富裕的生活。20 世纪 50 年代中期，景阳人曾率先实行"包产到户"。土地改革后，环江县普遍建立起互助组和初、高级农业生产合作社，实现了基本生产资料公有制，走上了合作化的道路。然而，转入高级社后遇到了许多问题，特别是居住分散的大石山区社队，难以推行高度集中的经营管理办法，生产队每天排工要花三四个小时，劳动效率很低。加之 1954~1955 年环江遭遇自然灾害，粮食连年减产，农民生活困难。据统计，1956 年 3 月第四区（今下南乡）全区缺粮 106.5 万公斤，缺粮户达 4466 户，占总户数的 85.7%。② 大石山区的农民情绪十分低落，包括下南在内的 3 个区有 500 余户农民要求拉牛退社。在这种情况下，第四区两个相邻的高级合作社——景阳和希远的农民大胆创新，于 1956 年实行大宗

---

① 广西壮族自治区编辑组：《广西仫佬族、毛难族社会历史调查》，广西民族出版社，1987，第 9、69 页。
② 毛南族志编纂委员会编著《毛南族志》，广西人民出版社，2015，第 184~185 页。

作物如玉米、杂粮、红薯统一经营，小作物如豆类、南瓜、番茄、辣椒、火麻、蔬菜等下放到户，谁种谁收，继承了旱地间种、套种作物的传统生产方式，提高了土地使用率，农民普遍增收，当年两个高级合作社的生产总量比 1954 年增长 13.2%。此举引起了中共环江县委的重视，于 1956 年 8 月派工作组赴地进行调查，认为两个高级合作社实行"小作物下放到户"，是群众创造的"大集体下的小自由"模式，肯定了这个模式产生的良好的经济效益，遂在全县逐步推广。1956 年底，环江 1954 个生产队中，有 93 个获批实行独立核算、自负盈亏，138 个生产队实行包干到户。截至 1957 年 6 月底，据不完全统计，全县实行"三包"的有 261 个生产队，占 13.35%；实行生产独立核算的有 96 个队，占 4.9%；实行"三包到户"的有 208 个队，占 10.6%。这些改革有效地克服了农业社规模过大、管得过死的弊端，有效地促进了集体经济的发展，妥善地解决了农民集中退社的问题。1957 年全县粮食总产量达到 19894.5 万公斤，比 1956 年增产 739 万公斤，增长 38.58%。这后来被人誉为"全国第一个包产到户的故事"。[1]1958 年 8 月下旬，环江县普遍建立了政社合一的人民公社，"三包到户"被迫中止。不过，1959 年后，一部分社队又暗中恢复了"三包到户"的办法。据统计，1962 年 12 月上南、

---

① 韦大新：《全国第一个包产到户的故事发生在毛南山乡——景阳模式》，载中国人民政治协商会议广西壮族自治区委员会《毛南族百年实录》，广西民族出版社，2013，第 26~28 页。

表2-1　下南区公所景阳公社各生产队统计材料（1966年12月31日至1967年1月3日）

队名	户	人	男（人）	女（人）	劳力（人）	耕地（亩）	总产量（斤）集体	总产量（斤）个人	玉米（斤）集体	玉米（斤）个人	红薯（斤）集体	红薯（斤）个人	大豆（斤）集体	大豆（斤）个人	经济作物（斤）集体	经济作物（斤）个人	牛（头）集体	牛（头）个人	猪（头）集体	猪（头）个人
峒柱	14	53	26	27	19	131	26018.7	503	16879.4	433	5491.2		1236.1		2412	70	17		34	
必荣	17	71	36	35	33	134	30863.5	817.2	23758.6	497.2	4111	60	1122.7	200	1871.2	60	13		49	
耍向	13	66	32	34	25	111	30772	12046	19334	986	4492	5000	1130	60	5816	6000	11		38	
峒阳	25	117	68	49	49	169	52952.5	3112	36843	912	7000	800	1918		7191.5	1400	34		95	
拉样	19	77	36	41	29		26872	1446	21294	1246	4464	200	775		339		15	1	31	28
巴芽	11	71	32	39	30	160	43028.6	1000	30963.2	1000	10000		1065.4		10000		17		31	
上告	8	42	22	20	16	80	22329.9	1300	17110	900	4572.2	400	600.3		47.4		16		12	9
峒雅	9	67	29	38	20	80	28290	627	20813	619	6366		1024		87	8	16		23	15
峒猎	9	51	28	23	16	80	22887.04	985	11542.22	600	5400	326	1793.7	59	4151.12		9		19	6
松园	12	50	25	25	23	93	22792.65	985	17762.4	285	3971	700	1019.11		40.14		12		22	15
总计	137	665	334	331	260	1038	329628.09		223778.02		63353.4		12003.31		39439.36		161		427	

资料来源：根据《下南区公所景阳公社各生产队统计材料》（1966.12.31—1967.1.3）统计，环江毛南族自治县档案馆藏，全宗号80。因部分数据缺失，此表为不完全统计。

中南和下南地区实行"三包到户"的有 59 个队，占当时生产队总数的 17.15%。[①]

20 世纪 60 年代后期，景阳村经济社会发展开始趋于停滞（见表 2-1、表 2-2、表 2-3）。

表 2-2　下南公社景阳大队年终收益及分配统计（1972~1980 年）

项目 ＼ 年份	1972	1973	1976	1977	1978	1979	1980
统计生产队数	11	11	11	11	12	12	12
户数（户）	128	126	127	136	132	138	136
人口数（人）	693	688	697	736	722	743	756
劳动力数（人）	221	247	242	246	252	236	235
收入总计（元）	68590	71456	54529			49832	44722
其中　农业收入	45285	50584	39769		41755	27258	
其中　牧业收入	23305	19778	11960		13220	15934	
其中　林业收入		277	310		409		
其中　副业收入		619	1094		5407	4557	
其中　其他收入		198	1396		2518	1707	
分配总金额（元）	50819	57781	36167	38725	44389	36664	29154
参加分配总工分数	1293860	1276010	116205		97248	45796	63378
人均分配（元）	73	70	50	72	61	49	41
粮食总产（担）							346887
其中：集体粮食总产数（担）	460402	498266		417797	414540	288378	3468
分配口粮总数（斤）	377910	396381			329375	22081	283777
参加分配人口（人）	693	686	697	734	722	743	756
人均口粮（斤）	530	577		567	560	297	375

资料来源：河池地区环江县下南公社景阳大队《农村人民公社一九七二年年终分配统计表》、《农村人民公社一九七二年收益分配统计表》、《一九七二年粮食分配统计表》、《农村人民公社一九七六年收益分配统计表》、《农村人民公社一九七八年收益分配统计表》、《农村人民公社一九七九年收益分配统计表》、《农村人民公社一九八零年收益分配统计表》，下南乡人民政府档案室藏，无宗号；《下南公社农业生产统计资料》（1973 年度）、《下南公社景阳大队农业生产统计资料》（1977 年度）、《下南公社景阳大队农业生产台账》（1980 年），环江毛南族自治县档案馆藏，全宗号 80。

① 毛南族志编纂委员会编著《毛南族志》，广西人民出版社，2015，第 186 页。

表 2-3　景阳大队牲畜存栏情况统计（1973~1982 年）

单位：头，只

项目 年份	大牲畜（牛、马）年末实有数					猪					
	合计	集体	社员	其中		年末存栏数	集体	社员	国家收购数	自宰数	大中猪死亡数
				黄牛	水牛						
1973	175	175		174	1	565	225	340	149	151	15
1977	139	139		139		444	224	20	113	81	17
1980	122	111	11	122		697		518	88	91	
1982	74					380					

资料来源：《下南公社农业生产统计资料》（1973 年度）、《下南公社景阳大队农业生产统计资料》（1977 年度）、《下南公社景阳大队农业生产台账》（1980 年）、毛难族地区经济情况调查统计表》（1982 年），环江毛南族自治县档案馆藏，全宗号 80。

从以上统计数据来看，人民公社时期景阳村的生产力比较低下，按照工分进行分配后，人均分配收入只有40~70 元，折合分配口粮后实际上已经没有现金收入，劳动力少的家庭工分甚至可能不抵口粮。同时，人均分配口粮多的年头 500 余斤，歉收时 300 余斤，考虑到景阳村的粮食以玉米为主，牲畜的数量又极少，可以得知这样的口粮标准是难以解决温饱的，因此景阳村每年在上交公粮的同时，往往还要购买返销粮才能维持生产和生活。

1980 年 5 月，环江县普遍推行了家庭联产承包责任制。随着一系列政策措施的实行，毛难族地区的经济社会发展逐步走上正轨，人民生活有了很大改善。不过受历史和自然因素的影响，特别是所处地理环境限制，传统农业生产难以大幅度提高生产力，反而造成山地过垦，生态受到破坏，使景阳村整体上仍然处于一个较为贫困的状态。

二 经济发展现状

21 世纪以来，随着退耕还林政策的实施，环江毛南族自治县大石山区的耕地面积大幅度减少。景阳村是下南乡退耕还林面积第二大的行政村，截至 2014 年共退耕地面积 1320 亩。只有门前屋后的少量地块可以种植一些玉米、红薯、豆类和蔬菜，作为日常生活和饲养牲畜的补充，这些耕地面积共计 433 亩。退耕土地按照有关技术标准进行造林绿化，主要种植任豆、香椿等，树木成熟后由村民使用或买卖。国家以每亩退耕地 300 斤粮食、20 元现金给退耕农户作补偿。[①]除此之外，景阳村有近 4 万亩公益林，每年可以领取一定数额的管护费。依托丰富的林地资源，自 2012 年起景阳村民逐步发展起以山猪为主的林下养殖业。[②] 近年来青壮年多外出打工，时间或长或短，景阳村的经济结构发生了很大的变化，村民的经济来源主要依靠退耕还林和生态公益林补贴、家庭养殖及外出务工。景阳村没有集体企业，因此没有集体收入。

退耕还林和生态公益林补贴收入是较为清晰的。按照规定，公益林管护费需要留 20% 为集体所有。由于各屯生态公益林及退耕还林面积不同，村民个人获得此类补贴的差异比较大（见表 2-4、表 2-5）。

[①] 毛南族志编纂委员会编著《毛南族志》，广西人民出版社，2015，第 102、287 页；《广西壮族自治区人民政府关于进一步完善退耕还林政策措施的若干意见》（桂政发〔2002〕56 号）。2004 年，广西壮族自治区人民政府将退耕还林粮食补贴改为现金补助，按中央规定的每公斤粮食（原粮）1.40 元标准折算为现金，补助给退耕户，即自治区下达的国家计划内退耕地每亩每年补助现金 210 元。此外，原每亩退耕地每年补助现金 20 元的规定继续执行。此后，退耕地补助现金标准不断提高，2015 年为每亩 125 元。

[②] 关于林下养殖业发展状况，将在第四章中进行论述。

表 2-4 景阳村 2013 年生态公益林管护费发放情况

管护区域（屯）	管护面积（亩）	补偿标准（元/亩）	补助金额（元）
上忙	2519.80	9.0	22678.20
上脑	2009.50	9.0	18085.50
洞雅	2614.00	9.0	23526.00
洞任	4709.00	9.0	42381.00
必京	1128.30	9.0	10154.70
要向	4664.50	9.0	41980.50
洞阳	3771.20	9.0	33940.80
松园	3831.00	9.0	34479.00
洞诣	1948.50	9.0	17536.50
洞波	1222.00	9.0	10998.00
上告	3871.50	9.0	34843.50
洞平	927.00	9.0	8343.00
巴芽	3610.00	9.0	32490.00
拉样	2988.20	9.0	26893.80
合计	39814.3	—	358330.5

表 2-5 景阳村 2014 年生态公益林管护费发放情况

管护区域（屯）	管护面积（亩）	补偿标准（元/亩）	补助金额（元）
上忙	2519.80	14.0	35277.20
上脑	2009.50	14.0	28133.00
洞雅	2614.00	14.0	36596.00
洞任	4709.00	14.0	65926.00
必京	1128.00	14.0	15792.00
要向	4664.50	14.0	65303.00
洞阳	3771.20	14.0	52796.80
松园	3831.00	14.0	53634.00
洞诣	1948.50	14.0	27279.00
洞波	1222.00	14.0	17108.00
上告	3871.50	14.0	54201.00
洞平	927.00	14.0	12978.00
巴芽	3610.00	14.0	50540.00
拉样	2988.20	14.0	41834.80
合计	39814.2	—	557398.8

2015 年，景阳村全村共发放森林生态效益补偿基金（管护费）55.73976 万元。2014 年和 2015 年该项补偿比 2013 年增长 64% 左右，是因为补偿标准由每亩 9 元提高到每亩 14 元。由于各屯林地面积不一，特别是已经易地搬迁到其他地区的村民，仍然享受土地的使用权，因此生态公益林补偿基金发放的对象远远多于户籍人口。按照 2015 年景阳村森林生态效益补偿基金（管护费）到户发放情况统计，景阳村共有 181 户家庭获得补偿，其中两户补偿分别为 18503 元和 11067.80 元，其余家庭多者达八九千元，少者两三千元，少数家庭只有三五百元或七八百元。在退耕还林工程补助方面，以 2015 年为例，共发放 2014 年退耕还林工程补助资金 2.24 万元，全村 23 户共计造林合格面积 179.2 亩，按照每亩 125 元的标准发放。

景阳村民的主要经济收入来源还包括家庭养殖和外出打工。截至 2016 年底，全村户籍人口为 105 户 297 人，有劳动力 193 人。其中，外出打工半年以上的劳动力为 42 人，他们均为举家外出，举家外出人口为 95 人；外出到省外的劳动力有 47 人；外出到省内县外劳动力人数达 30 人；外出务工人员中途返乡人数为 13 人；定期回家务农的外出劳动力人数为 8 人。外出打工者主要在制造业就业。畜禽养殖家家户户都有，只是规模不一，加入养殖合作社的 30 余户收入得到了较大程度的提高。

根据 60 份农户问卷统计结果，2016 年景阳村劳动力及经济收入状况大致如表 2-6 至表 2-16 所示。

表 2-6　景阳村受访户劳动自理能力

单位：户，%

类型	频率	百分比
普通全劳动力	53	88.3
部分丧失劳动能力	5	8.3
无劳动能力但有自理能力	2	3.3
合计	60	100.0

从表 2-6 中可以看出，受访户主大部分为普通全劳动力，占 88.3%；部分丧失劳动能力的占 8.3%；无劳动能力但有自理能力的占 3.3%。

表 2-7　2016 年景阳村受访户劳动（不含家务劳动）时间

单位：户，%

类型	频率	百分比
0	1	1.7
100~200 天	6	10.0
201~300 天	13	21.7
301 天及以上	35	58.3
合计	55	91.7
缺失	5	8.3
合计	60	100.0

从表 2-7 中可以看出，受访户 2016 年劳动时间（不含家务劳动）大部分在 301 天以上，占 58.3%；没有劳动（不含家务劳动）时间的比例为 1.7%；劳动（不含家务劳动）时间在 100~200 天的比例为 10.0%；劳动（不含家务劳动）时间在 201~300 天的比例为 21.7%。

表 2-8　景阳村受访户本地自营农业（实际务农天数）

单位：户，%

类型	频率	百分比
0 天	6	10.0
100~200 天	3	5.0
201~300 天	9	15.0
301 天及以上	29	48.3
合计	47	78.3
缺失	13	21.7
合计	60	100.0

从表 2-8 中可以看出，受访户本地自营农业（实际务农天数）大部分在 301 天及以上，占 48.3%；本地自营农业（实际务农天数）为 0 的比例为 10.0%；本地自营农业（实际务农天数）在 100~200 天的比例为 5.0%；本地自营农业（实际务农天数）在 201~300 天的比例为 15%。

表 2-9　景阳村受访户在家时间

单位：户，%

类型	频率	百分比
3 个月以下	8	13.3
3~6 个月	1	1.7
6~12 个月	51	85.0
合计	60	100.0

从表 2-9 中可以看出，受访户主在家时间大部分集中在 6~12 个月，占 85%；在家时间为 3 个月以下的占 13.3%；在家时间为 3~6 个月的占 1.7%。

表2-10 景阳村受访户务工状况

单位：户，%

类型	频率	有效百分比
乡镇内务工	8	13.3
乡镇外县内务工	1	1.7
省外务工	8	13.3
其他（包括在家务农、学生、军人等情况）	42	70.0
不清楚	1	1.7
合计	60	100.0

从表2-10中可以看出，受访户主乡镇内务工的占13.3%；乡镇外县内务工的占1.7%；省外务工的占13.3%；其他（包括在家务农、学生、军人等情况）占70%，结合受访户主在校情况，以及主要社会身份来看，大部分受访户主应该是在家务农。

表2-11 景阳村受访户务工时间

单位：户，%

类型	频率	百分比
3个月以下	5	8.3
3~6个月	1	1.7
6~12个月	29	48.3
无	25	41.7
合计	60	100.0

从表2-11中可以看出，受访户主务工时间大部分为6~12个月，常年务工，占48.3%；务工时间在3个月以下的占8.3%；务工时间为3~6个月的占1.7%；表示没有务工时间的占41.7%。

表 2-12　景阳村受访户务工收入主要带回家情况统计

单位：户，%

类型	频率	百分比
空白	1	1.7
是	53	88.3
否	3	5.0
无效	2	3.3
说不清	1	1.7
合计	60	100.0

从表 2-12 中可以看出，受访户主的务工收入主要都带回家，占比为 88.3%；表示务工收入不带回家的仅占 5%；另外还有 1.7% 的人表示说不清。

表 2-13　2016 年景阳村受访户劳动收入

类型（元）	频率（户）	百分比（%）
1000 及以下	4	6.7
1001~5000	26	43.3
5001~10000	7	11.7
10001~20000	8	13.3
20001 及以上	7	11.7
合计	52	86.7
缺失	8	13.3
合计	60	100.0

从表 2-13 中可以看出，大部分受访者 2016 年的劳动收入在 1001~5000 元，占 43.3%；劳动收入在 1000 元及以下的比例为 6.7%；劳动收入在 5001~10000 元的比例为 11.7%；劳动收入在 10001~20000 元的比例为 13.3%；劳动收入在 20001 元及以上的比例为 11.7%。

表 2-14 景阳村受访者收入来源

金额（元）	农业经营收入		非农业经营收入	
	频率（户）	百分比（%）	频率（户）	百分比（%）
1000 及以下	9	15.0	17	28.3
1001~5000	22	36.7	2	3.3
5001~10000	7	11.7	3	5.0
10001~20000	3	5.0	3	5.0
20001 及以上	2	3.3	1	1.7
合计	43	71.7	26	43.3
缺失	17	28.3	34	56.7
合计	60	100.0	60	100.0

从表 2-14 中可以看出，受访者农业经营收入在 1000 元及以下的比例为 15.0%；1001~5000 元的比例为 36.7%；5001~10000 元的比例为 11.7%；10001~20000 元的比例为 5.0%；20001 元及以上的比例为 3.3%。非农业经营收入在 1000 元及以下的比例为 28.3%；1001~5000 元的比例为 3.3%；5001~10000 元的比例为 5%；10001~20000 元的比例为 5%；20001 元及以上的比例为 1.7%。由此可见，大部分受访者的收入来自农业经营收入。

表 2-15 景阳村受访户低保金收入

类型（元）	频率（户）	百分比（%）
1000 及以下	34	56.7
1001~2000	7	11.7
2000 及以上	8	13.3
合计	49	81.7
缺失	11	18.3
合计	60	100.0

从表 2-15 中可以看出，受访者低保金收入大部分在 1000 元以下，占 56.7%；低保金收入在 1001~2000 元的占 11.7%；低保金收入在 2000 元及以上的占 13.3%。

表 2-16　景阳村受访户养老金退休金收入

类型（元）	频率（户）	百分比（%）
0	24	40.0
100~1000	3	5.0
1001~2000	9	15.0
2001 及以上	6	10.0
合计	42	70.0
缺失	18	30.0
合计	60	100.0

从表 2-16 中可以看出，受访者大部分没有养老金退休金收入，占比为 40%；养老金退休金在 100~1000 元的占 5.0%；养老金退休金在 1001~2000 元的占 15%；养老金退休金在 2001 元及以上的占 10.0%。

上述统计数据只是一个大概的估计，一是农户并没有记账的习惯，回答问题不准确；二是收入涉及个人隐私，受访者对于不熟悉的课题组成员不一定信任；三是考虑到相关政策补贴，一般受访者往往有所保留，心理趋向于把收入说得比实际少一些。因此，景阳村农户在 2016 年的家庭收入可能比问卷统计所反映的情况略好一些。即便如此，景阳村的经济结构总体来说比较单一，村民经济收入处于较低水平，脱贫攻坚的任务十分艰巨。

第二节　基础设施与公共服务

一　基础设施与社会事业

景阳村地处大石山区，长期以来经济发展缓慢，基础设施和社会事业建设也严重滞后。近年来随着精准扶贫工作的推进，景阳村的条件有所改善。不过，景阳村的扶贫方式以易地搬迁为主，越来越多的村民陆续迁移到下南乡政府周围及其他地方居住，这在很大程度上影响了旧村基础设施和社会事业的进一步建设和发展。

（一）道路交通

20 世纪 50 年代以前，下南乡没有一条公路。1955~1957 年，国家投资和民工建勤修通了金城江（今河池市金城江区）经环江县洛阳、下南至中南的公路，从而结束了"毛南三乡"无公路的历史。至 2014 年，国家先后在上南、中南、下南投资了 2601.48 万元，修成了县、乡、村、屯公路 124 条，通车里程达 415.24 公里，形成了毛南族聚居区纵横交错的公路网络。①

景阳村长期没有修通公路，村民的农业生产、赶圩等全靠肩挑背驮，出入的都是弯弯曲曲的石板路和山路，交通非常困难，村民饲养的猪、牛等大牲畜要几个人抬着才能到集市出售，往往因卖相不好而售价较低。虽然距离乡政府所在地只有 12 公里，从相邻的希远公路衔接至村委会所在地必京屯只有 9 公里，然而，由于地处大石山区，景阳公路的修建过程十分艰苦，总投资达 270 万元。早在 1974 年，就开始修建从希远公路交叉处至纳优屯的 2.5 公里路段，1975~1976 年又修建景阳村内峒任屯至必京屯的 2 公里路段，但是直到 1997 年才续修纳优至景阳村委会所在地必京屯的路段，1998 年 12 月通车。这一段路途尤为艰险，因山陡弯险，筑路工程浩大，又将纳优至必京路段改经牛岩坳、峒诣、峒坡而过。环江毛南族自治县扶贫办对该路段投资 124 万元，但是路况一直比较险峻。直到 2003 年，景阳村才开始有机动车，是村委会用修路剩余的款项，花 1000 余元购置的一辆小四轮，义务为村民服务，指定专人（持有农机证）负责开车。2007 年，环江毛南族自治县交通局投资 146 万元，按四级公路改建景阳公路，设计路宽 6 米，路面宽 5 米。因修才贵坳大弯道资金缺口大，该坳路段未能按照四级公路标准修通。② 截至 2016 年底，对景阳公路的升级改造仍在进行，包括道路拓宽和水泥硬化改造。由于路况不佳以及经济原因，全村只有村委

---

① 毛南族志编纂委员会编著《毛南族志》，广西人民出版社，2015，第356页。
② 毛南族志编纂委员会编著《毛南族志》，广西人民出版社，2015，第367页。

图 2-2　景阳村必京屯通往洞阳屯（左）和上脑屯（右）的公路

会配置的 1 辆微型汽车，承包给 1 名村干部，主要用于生产运输；村民出行以摩托车为主，到下南乡需骑行 30 分钟。村内通组道路有 12.4 公里，即洞任、洞坡、洞诣、必京、洞阳、要向、洞平及上脑 8 个屯通路，其中洞平和洞诣通砂石路约 5.5 公里，其余均为水泥路。巴芽、洞雅、上告、上忙和松园等 5 个屯尚未修筑公路。已经易地搬迁出去的村民，有五六户购置了小汽车。

值得一提的是，从 2014 年开始实施的下南乡提水工程需要修建一条贯通景阳村至景阳湾的公路，截至 2017 年 9 月，该道路已经修通并进入铺设水泥路面阶段。公路贯通后，将进一步增加景阳村经济社会发展潜力。

根据景阳村 60 份农户问卷统计，受访户入户道路多数已经修筑了水泥或柏油路，其次为泥土路，少部分是砂石路（见表 2-17）。

表 2-17 景阳村受访户入户路类型统计

单位：户，%

类型	频率	有效百分比
泥土路	12	20.0
砂石路	9	15.0
水泥或柏油路	39	65.0
合计	60	100.0

（二）广播电视通信

20 世纪 50 年代，下南地区就设立了电话总机。1955 年，组建下南区公所收音室，至 1957 年区内各乡（今行政村）都安装了广播器，收听县广播站新闻。20 世纪 80 年代以后有线广播逐渐中断。1983 年 3 月，下南公社管委会机关购买了 1 台黑白电视机；6 月，始建下南公社八音山电视差转台；10 月 1 日，差转台正式开播，覆盖下南公社的 5 个大队和川山公社的 2 个大队。1994 年，建成下南乡有线电视站。1996 年，开始发展农村卫星电视地面接收小片网，即以行政村或大的自然屯为单位建立卫星电视地面接收站，再从接收站架设电缆至电视用户，传输电视节目信号。2000 年开始用小型天线为 1.5 米的大锅盖卫星电视地面接收设备，单户或联户安装卫星电视接收站成热潮。至 2002 年底，下南乡共建成 233 个卫星电视地面接收站，2476 户农村居民可以收看电视节目，播出节目由五六套逐渐增加到 12 套。[①]2001 年，环江移动分公司在

---

① 毛南族志编纂委员会编著《毛南族志》，广西人民出版社，2015，第 401~412 页。

下南小学后山建成一座数字移动电话基站，从此下南乡开始使用移动电话。2003年，下南程控交换点安装宽带网设备，下南乡开始连接互联网。

地处大石山区的景阳村，其现代广播电视通信等设施建设比较滞后。1998年，景阳村开始建设卫星电视地面接收站，至2010年全村共建有86套（户）"村村通"直播卫星设备。截至2016年底，全村使用卫星电视用户达85户。全村无有线广播和电视，无互联网络和移动通信，162户家庭拥有移动电话，其中使用智能手机的有34人。全村只有必京屯可以收到不稳定手机信号，必京、洞诣、洞任、洞坡、洞阳、要向、上脑等屯接通了有线电话。根据景阳村60份农户问卷统计，截至2016年受访者家中没有互联网宽带的比例达到了96.7%，有互联网宽带的仅占3.3%（见表2-18）。

表2-18 2016年景阳村受访户是否有互联网宽带情况

单位：户，%

类型	频率	有效百分比
是	2	3.3
否	58	96.7
合计	60	100.0

（三）学校教育

毛南族聚居区的学校教育起步很晚，清乾隆年间才开始出现私塾。不过其私塾教育发展很快，几乎每村都建有私塾和蒙馆，入学的人数也不断增加。学习成绩优异的人，纷纷参加科举考试。到光绪年间，毛南族地区共出现文武秀才 20 余人。清末民初，毛南族地区各村开始出现官办学堂，与民办启蒙学校和私塾并存。在本村读完小学后，成绩好的学生进一步到外地读中学或大学。当时毛南族学生求学地远至庆远、柳州、桂林、梧州、广州等。因为重视学校教育，民国时期的毛南族聚居区赢得了"三南文风颇盛"的赞誉。新中国成立前夕，毛南族人口不过 2 万，然而仅是思恩县的毛南族中，初中肄业和高中毕业的就有 100 余人，大专毕业的有 5 人。新中国成立后，毛南族的文化教育事业继续发展。1982 年，环江县的毛南族中平均每 315 人中就有 1 名大学生，而全广西平均 1 万人中才有 6.2 名大学生。毛南族中出现了越来越多的教授、工程师、医生、画家、文艺工作者、科技工作人员、中小学教师和国家干部。[①] 自 20 世纪 30 年代以来的数十年间，景阳村一直开办有小学或不止一个耕小教学点。进入 21 世纪以后，由于易地搬迁和人口流动，景阳村人口大幅度减少，最后的 1 个教学点于 2010 年撤销。

毛南族是中国 55 个少数民族之一，新中国成立后一直得到党和政府在教育政策方面的扶助。1952 年，环江县人民政府即对上南、中南和下南地区家庭经济困难的毛南族学生实行包食、包穿、包学习用具的"三包"政策。在后来的各个历史时期，关于毛南族学生入学、升学的各项扶助政策一直没有中断，在基础设施和教师队伍建设方面也不断加强，大大提高了毛南族地区的入学率、巩固率和升

① 方素梅:《反差与毛南族文化》,《民族团结》1989 年第 4 期。

学率。尽管近年来随着学校布局的调整，适龄学童要离家上学，家长们也愿意让孩子寄宿，如果孩子年幼尚不具备生活自理能力，家长们就在学校附近租房居住陪读。截至2016年底，全村共有适龄儿童17人，均跟随父母外出务工并在当地入学，或到下南乡中心校就读。从60份农户问卷中，可以了解景阳村子女教育的一般状况（见表2-19至表2-23）。

从表2-19可以看出，2017年上半年受访户中子女上幼儿园或学前班的比例为1.7%，子女上中小学的比例为26.7%，子女上中等职业学校的比例为1.7%。70%的受访户没有回答此类问题，原因是家中没有3~18岁的子女。

表2-19　景阳村受访户子女2017年上半年就学状态

单位：户，%

类型	频率	有效百分比
空白	42	70.0
上幼儿园或学前班	1	1.7
上中小学	16	26.7
上中等职业学校	1	1.7
合计	60	100.0

景阳村自2010年起没有设置小学或教学点，学龄儿童需要到下南乡中心小学就读，而表2-20中受访户子女在本村上学的比例为1.7%，此一情况当属回答有误。在表2-20中，受访户子女在本乡镇上学的比例为20%；在本县城（市、区）上学的比例为5%；在省内县外上学的比例为1.7%；在省外上学的比例为1.7%；其余70%的受访户无子女正在上学。

表 2-20　景阳村受访户子女上学地点统计

单位：户，%

类型	频率	有效百分比
空白	42	70.0
本村	1	1.7
本乡镇	12	20.0
本县城（市、区）	3	5.0
省内县外	1	1.7
省外	1	1.7
合计	60	100.0

从表 2-21 可以看出，受访户子女上学年级分布广泛，包括 9 年义务教育直至高中（含中专、职高）的各个阶段。总体来说，毛南族比较重视子女教育，如果孩子希望升学父母一般都尽力支持，义务教育阶段辍学的情况极少。

表 2-21　景阳村受访户子女上学年级

单位：户，%

类型	频率	有效百分比
空白	44	73.3
一年级	1	1.7
二年级	2	3.3
四年级	2	3.3
五年级	3	5.0
六年级	1	1.7
初一	1	1.7
初二	3	5.0
初三	1	1.7
高二	1	1.7
高三（含中专、职高）	1	1.7
合计	60	100.0

从表 2-22 可以看出，受访户子女学校条件非常好的比例为 1.7%；比较好的比例为 15.0%；学校条件一般的比例为 11.7%。其余 71.7% 包括一户有子女上学的受访户没有回答这一问题，以及没有正在上学的子女的受访户。从受访户的回答来看，景阳村民子女就读的学校条件处于比较好和一般之间，当然这与受访户个人的主观感受和主观愿望密切相关。

表 2-22 景阳村受访户子女就读学校条件情况

单位：户，%

类型	频率	有效百分比
空白	43	71.7
非常好	1	1.7
比较好	9	15.0
一般	7	11.7
合计	60	100.0

从表 2-23 可以看出，受访者对其子女学习情况表示满意的达到 10.0%，表示一般的比例为 15.0%，表示不太满意的比例为 3.3%。排除无子女上学的受访者，对子女学习情况表示满意的比例并不算太低。

表 2-23 景阳村受访户对子女学习情况满意情况

单位：户，%

类型	频率	有效百分比
空白	43	71.7
非常满意	1	1.7
比较满意	5	8.3
一般	9	15.0
不太满意	2	3.3
合计	60	100.0

从表 2-24 可以看出，受访户子女住校的比例为 20.0%；按最常用的交通方式上学的时间（单程）为 15 分钟以下的比例为 6.7%；30 分钟至 1 小时的比例为 1.7%。实际上，景阳村的学生大部分是寄宿制，没有住校的孩子多由家长在学校附近租房照顾，或者家长已在下南乡政府周围自主移民购买土地建造了住房。

表 2-24　景阳村受访户子女按最常用的交通方式上学的时间（单程）

单位：户，%

类型	频率	有效百分比
空白	42	70.0
住校	12	20.0
15 分钟以下	4	6.7
步行	1	1.7
30 分钟至 1 小时	1	1.7
合计	60	100.0

从表 2-25 可以看出，受访户子女 2016 年上学直接费用在 1000 元及以下的比例为 16.7%，这部分应该是小学生的费用支出情况。受访户子女 2016 年上学直接费用在 1001~5000 元的比例为 6.7%，在 5001 元及以上的比例为 6.7%，这两部分应该是初中及高中学生的费用支出情况。

表 2-25　2016 年景阳村受访户子女上学直接费用

类型（元）	频率（户）	百分比（%）
1000 及以下	10	16.7
1001~5000	4	6.7
5001 及以上	4	6.7

类型（元）	频率（户）	百分比（%）
合计	18	30.0
缺失	42	70.0
合计	60	100.0

从表 2-26 可以看出，受访户子女 2016 年收到的教育补助在 1000 元及以下的比例为 20.0%；2016 年收到的教育补助在 1001~2000 元的比例为 3.3%；2016 年收到的教育补助在 2001 元及以上的比例为 1.7%。根据相关政策及个人家庭困难情况得到的补助，基本可以覆盖小学阶段所需的直接费用。而对于专门到学校附近照顾子女的家庭来说，租房及误工的经济负担也是较为沉重的。

表 2-26　2016 年景阳村受访户收到的教育补助

类型（元）	频率（户）	百分比（%）
1000 及以下	12	20.0
1001~2000	2	3.3
2001 及以上	1	1.7
合计	15	25.0
缺失	45	75.0
合计	60	100.0

（四）医疗卫生

毛南族有传统民族医学，民间中草医在治病救人和卫

图 2-3　景阳村卫生所

生保健方面发挥着重要作用。随着经济社会的发展，传统民族医学无法满足广大群众看病治病的需求。民国年间，现代医学开始传入"毛南三乡"，设立了公办医疗机构——下南医务所，但仅存在 6 年即撤销。新中国成立后，"毛南三乡"和全国其他地方一样，逐渐建立起面向人民大众的医疗卫生事业。20 世纪 50 年代，下南地区设有卫生所，部分社队建有卫生室。20 世纪 70 年代，建成了公社、大队、生产队三级卫生医疗网络。20 世纪 80 年代，恢复个体诊所，村设卫生所。2006 年，推行新型农村合作医疗制度，各行政村（社区）卫生所改称合作医疗卫生室。景阳村卫生室设在村委会旁边，配有 1 名村医。近年来，随着道路交通条件的改善，患病村民多到乡里卫生院或县人民医院就诊，村卫生室一般只负责卫生防疫方面的基本工作。

二 生活设施

（一）生活能源与人畜饮水

1965 年，位于下南地区中南村的小型水电站建成发电，供中南中学和中南村三圩等 8 个村屯照明用，是"毛南三乡"用电之始。20 世纪 70 年代以前，毛南族聚居区由自建小型水电站供电，由于发电量小，不能满足广大人民群众生产生活及机关学校的正常需求。1975 年起，环江各乡镇开始输变电工程建设，至 20 世纪 80 年代 10 千伏线路网络已经覆盖了"毛南三乡"的乡政府所在地及其附近较大村屯。[1]地处大石山区的景阳等村委会所在地，亦于 1998 年前后相继通电，结束了无电时代。不过，部分偏远自然屯因人口过少，一直没有架设输电线缆。截至 2016 年底，景阳全村通电户为 85 户，占总户数的 80.95%，尚有巴芽、洞雅、上告、上忙 4 个屯未通电。

从表 2-27 可以看出，大部分受访户依然以柴草为主要炊事用能源，这与景阳村所处地理环境密切相关。同时，随着生活条件的改善，部分家庭开始使用清洁能源，如受访户中炊事用能源为灌装液化石油气的占 5.0%，炊事用能源为电的占 18.3%。

---

[1] 毛南族志编纂委员会编著《毛南族志》，广西人民出版社，2015，第 307~309 页。

表2-27　景阳村受访户主要炊事用能源

单位：户，%

类型	频率	有效百分比
柴草	46	76.7
灌装液化石油气	3	5.0
电	11	18.3
合计	60	100.0

　　人畜饮水一直是"毛南三乡"面临的最大困难之一，居住在大石山区的群众更是视水如油。水源缺乏不仅影响到生产的发展，而且给群众生活造成极大的不便。干旱时节，大石山区群众常常穿山越洞寻找水源，或是下到百数十米的深潭中取水，为此跌落深潭、尸首沉入地下暗河漂走的事件常有发生。从20世纪50年代开始，毛南族聚居区就开始修建水柜以储存雨水。数十年来，毛南族群众在国家的帮助下，通过兴修水库、建设抽水站、修建蓄水池和家庭水柜等方式，努力解决人畜饮水问题。

图2-4　景阳村上脑屯的水柜

进入 21 世纪以后，大部分毛南族村屯的人畜饮水问题已经得到较好的解决。截至 2010 年，景阳村建有 21 个雨水集聚工程，年供水 384 人。随着易地搬迁进程的加快，部分工程弃用。截至 2016 年底，全村保存使用的雨水集聚工程为 10 个，仍然有 24 户居民存在饮水困难。根据 60 份农户问卷调查统计，景阳村人畜饮水大致情况如表 2-28 至表 2-30 所示。

从表 2-28 可以看出，受访户主要饮用水源为不受保护的井水和泉水。主要饮用水源为经过净化处理的自来水的占 13.3%；主要饮用水源为受保护的井水和泉水的占 21.7%；主要饮用水源为不受保护的井水和泉水的占 31.7%；主要饮用水源为江河湖泊水的占 8.3%；主要饮用水源为收集雨水的占 18.3%；主要饮用水源为其他水源的占 6.7%。由此可见，饮用井水和泉水的受访户为大多数，比例为 53.4%。

表 2-28　景阳村受访户主要饮用水源情况

单位：户，%

类型	频率	有效百分比
经过净化处理的自来水	8	13.3
受保护的井水和泉水	13	21.7
不受保护的井水和泉水	19	31.7
江河湖泊水	5	8.3
收集雨水	11	18.3
其他水源	4	6.7
合计	60	100.0

从表 2-29 可以看出，受访户大多数没有管道供水入户。管道供水入户的占 38.3%；管道供水至公共取水点的占 3.3%；没有管道设施的占 58.3%。这与受访户主要水源为井水和泉水情况相一致。

表 2-29　景阳村受访户供水方式统计

单位：户，%

类型	频率	有效百分比
管道供水入户	23	38.3
管道供水至公共取水点	2	3.3
没有管道设施	35	58.3
合计	60	100.0

从表 2-30 可以看出，受访户中近半数家庭已经初步解决饮水困难。单次取水往返时间超过半小时的仅占 5.0%；间断或定时供水的占 21.7%；当年连续缺水时间超过 15 天的占 31.7%；不存在饮水困难的占 41.7%。

表 2-30　景阳村受访户是否存在饮水困难统计

单位：户，%

类型	频率	有效百分比
单次取水往返时间超过半小时	3	5.0
间断或定时供水	13	21.7
当年连续缺水时间超过 15 天	19	31.7
无上述困难	25	41.7
合计	60	100.0

（二）住房及卫生设施

毛南族村庄大多依山而立，村后的石山上留有大片护村林，防止石头滚落的同时，又美化村景，其林不允许随意砍伐。传统居室为干栏式样，干栏内外山墙全是以木、石为构架，结实稳固。干栏一般为两层，上面住人，下面圈畜，门外有晒台，采光适宜又可以防潮，是中国南方民族民居的杰作。干栏多数是泥墙上瓦，少数砖墙盖瓦，楼柱是石柱，楼内的台阶是石条，房基和山墙也大部分是由石块制成，连门槛、晒台、牛栏、桌子、凳子、水缸、水盆等也由石料垒砌或雕凿，这些石制用品上雕刻的花鸟鱼虫更是美不胜收。根据史料记载，20世纪50年代以前景阳村的民居良者盖瓦次则覆草。景阳村的传统民居一直保持较好，只是由于经济落后房屋的条件比较简陋。进入21世纪以后，村里才出现个别钢筋水泥与砖瓦结合的现代楼房，以及政府扶持建造的安居工程。由于易地搬迁，老村里的部分民居已经闲置并疏于管理。如果把易地搬迁的住房计算在内，截至2016年底，景阳村户均宅基地面积为80平方米，楼房比例达到78%，钢筋水泥砖瓦房的比例达到85%；全村保留土木建筑瓦房的人家有5户，属于危房的17户；老村中空置1年以上的民居达20户。

课题组在访谈中了解到，大部分受访者有自己的住房，并且96.7%的受访者拥有1~2处自有住房，仅有个别受访者表示没有自有住房。对当前住房状况表示不满的受访者，仅

图 2-5　景阳村必京屯毛南族干栏式建筑

占 11.7%。60 份农户问卷调查统计结果也从侧面反映了景阳村居民住房的一般情况，具体如表 2-31 至表 2-43 所示。

从表 2-31 可以看出，总体来说，大部分受访户对当前住房状况满意。表示比较满意的占 43.3%；表示一般的占 45.0%；表示不太满意的占 10.0%；表示很不满意的仅占 1.7%。

表 2-31　景阳村受访户对当前住房状况的满意程度

单位：户，%

类型	频率	百分比
比较满意	26	43.3
一般	27	45.0
不太满意	6	10.0
很不满意	1	1.7
合计	60	100.0

从表 2-32 可以看出，大部分受访户至少拥有 1 套住房。有 1 套住房的占 56.7%；有两套住房的占 40.0%；表示没有住房的受访户占 3.3%。

表 2-32　景阳村受访户拥有几处住房统计

单位：户，%

类型	频率	百分比
0	2	3.3
1	34	56.7
2	24	40.0
合计	60	100.0

从表 2-33 可以看出，大部分受访户的住房来源为自有。表示住房为自有的占 93.3%；租用的占 1.7%；借用 / 寄居的占 3.3%。结合住房数量来看，大部分受访户有自己的住房。仅有少数受访户住房为租用或借用 / 寄居。

表 2-33　景阳村受访户住房来源统计

单位：户，%

类型	频率	百分比
空白	1	1.7
自有	56	93.3
租用	1	1.7
借用 / 寄居	2	3.3
合计	60	100.0

从表 2-34 可以看出，大部分受访户独立使用自有住房。并没有与别人共用住房的占 83.3%，共用的仅占 3.3%。这也与住房来源中表示借用 / 寄居的受访者比例相吻合。

表 2-34　景阳村受访户"是否与别人共用这处住房"情况统计

单位：户，%

类型	频率	有效百分比
空白	8	13.3
独立	50	83.3
共用	2	3.3
合计	60	100.0

从表 2-35 可以看出，受访户住房类型大部分为平房。住房类型为平房的占 70.0%，住房类型为楼房的占 30.0%。

表 2-35　景阳村受访户住房类型

单位：户，%

类型	频率	有效百分比
平房	42	70.0
楼房	18	30.0
合计	60	100.0

从表 2-36 可以看出，受访户住房大部分为状况一般或良好。住房状况为一般或良好的占 78.3%；住房状况属于政府认定危房的占 6.7%；住房状况为没有认定，但属于危房的占 15.0%。结合对住房情况满意程度来看，危房的比例为 21.7%，但受访户对于住房表示不满意的却仅有 11.7%。

表 2-36　景阳村受访户住房状况

单位：户，%

类型	频率	有效百分比
状况一般或良好	47	78.3
政府认定危房	4	6.7
没有认定，但属于危房	9	15.0
合计	60	100.0

从表 2-37 可以看出，受访户住房的建筑材料大部分是砖混材料。住房建筑材料是竹草土坯的占 13.3%；住房建筑材料是砖瓦砖木的占 26.7%；住房材料是砖混材料的占 45.0%；住房建筑材料是钢筋混凝土的占 5.0%；还有 10.0% 受访户表示住房建筑材料为其他材料。

表 2-37　景阳村受访户住房的建筑材料统计

单位：户，%

类型	频率	有效百分比
竹草土坯	8	13.3
砖瓦砖木	16	26.7
砖混材料	27	45.0
钢筋混凝土	3	5.0
其他	6	10.0
合计	60	100.0

从表 2-38 可以看出，受访户住房建筑面积大部分在 31~90 平方米。住房建筑面积为 30 平方米及以下的占 3.3%；住房建筑面积在 31~90 平方米的占 66.7%；住房建筑面积在 91~150 平方米的占 16.7%；住房建筑面积在 150 平方米及以上的占 13.3%。建筑面积在 90 平方米以上的，占 30.0%，这与住房类型中楼房的比例相一致。

表 2-38　景阳村受访户住户建筑面积统计

类型（平方米）	频率（户）	有效百分比（%）
30 及以下	2	3.3
31~90	40	66.7
91~150	10	16.7
150 及以上	8	13.3
合计	60	100.0

从表2-39可以看出，受访户家用厕所类型大部分为卫生厕所，其次为传统旱厕。家用厕所类型为传统旱厕的占35.0%；为卫生厕所的占48.3%；表示没有厕所的占16.7%。

表2-39　景阳村受访户家用厕所类型

单位：户，%

类型	频率	有效百分比
传统旱厕	21	35.0
卫生厕所	29	48.3
没有厕所	10	16.7
合计	60	100.0

从表2-40可以看出，受访户最主要的取暖设施为炉子，实际上就是南方山区常用的火盆，以木炭为燃料。受访户中没有取暖设施的占6.7%；取暖设施为炉子的占70.0%；取暖设施为电暖气的占8.3%；取暖设施为炕的占15.0%，实际上广西山区并没有炕，这一答案的受访户应是没有理解问题的真正含义。

表2-40　景阳村受访户主要的取暖设施情况统计

单位：户，%

类型	频率	有效百分比
无	4	6.7
炕	9	15.0
炉子	42	70.0
电暖气	5	8.3
合计	60	100.0

从表2-41可以看出，受访户家中大部分没有沐浴设施，占81.7%；沐浴设施为电热水器的占13.3%；沐浴设施为燃气的占3.3%；沐浴设施为其他的占1.7%。

表2-41 景阳村受访户是否有沐浴设施情况

单位：户，%

类型	频率	有效百分比
无	49	81.7
电热水器	8	13.3
燃气	2	3.3
其他	1	1.7
合计	60	100.0

从表2-42可以看出，受访户垃圾处理主要是定点堆放。生活垃圾送到垃圾池等的占13.3%；生活垃圾定点堆放的占58.3%；生活垃圾随意丢弃的占28.3%。

表2-42 景阳村受访户生活垃圾处理情况

单位：户，%

类型	频率	有效百分比
送到垃圾池等	8	13.3
定点堆放	35	58.3
随意丢弃	17	28.3
合计	60	100.0

从表2-43可以看出，受访户生活污水排放大部分为管道排放，占51.7%；生活污水院外沟渠排放的占6.7%；生活污水随意排放的占41.7%。

表 2-43　景阳村受访户生活污水排放情况

单位：户，%

类型	频率	有效百分比
管道排放	31	51.7
院外沟渠	4	6.7
随意排放	25	41.7
合计	60	100.0

三　政治参与和社会治理

截至 2016 年底，景阳村有党员 20 人，占全村户籍人口的 6.73%。其中：50 岁以上党员 11 人，高中及以上文化程度的党员 5 人。村党支部有 5 名成员，党员代表 2 人。村民委员会有 3 名成员，其中村两委交叉任职人数 1 人，村民代表人数为 30 人。从 60 份农户问卷调查结果中，可以了解受访户政治参与的一般情况，具体如表 2-44 至表 2-49 所示。

从表 2-44 可以看出，受访者大部分不是党员。是党员的比例为 20.0%，不是党员的比例为 80.0%。

表 2-44　景阳村"你是否是党员"调查结果统计

单位：户，%

类型	频率	有效百分比
是	12	20.0
否	48	80.0
合计	60	100.0

从表 2-45 可以看出，受访户家里大部分没有党员。家里没有党员的比例为 76.7%，有 1 位党员的比例为 23.3%。

表 2-45　景阳村"家里有几位党员"调查结果统计

单位：户，%

类型	频率	有效百分比
0	46	76.7
1	14	23.3
合计	60	100.0

从表 2-46 可以看出，大部分受访户都参加了最近一次村委会投票。表示自己和家人都参加了最近一次村委会投票的比例为 86.7%；表示仅自己参加了最近一次村委会投票的比例为 8.3%；表示别人参加了最近一次村委会投票的比例为 1.7%；表示自己和家人都没有参加最近一次村委会投票的比例为 1.7%。

表 2-46　景阳村"自己或者家人是否参加了最近一次村委会投票"调查结果统计

单位：户，%

类型	频率	有效百分比
0	1	1.7
都参加	52	86.7
仅自己参加	5	8.3
别人参加	1	1.7
都没参加	1	1.7
合计	60	100.0

从表 2-47 可以看出，绝大部分受访户 2016 年都参加了村委会召开的会议。表示自己和家人在 2016 年都参加了村

委会召开的会议的比例为 86.7%；表示仅自己在 2016 年参加了村委会召开的会议的比例为 10.0%；表示别人在 2016 年参加了村委会召开的会议的比例为 1.7%；表示自己和家人在 2016 年都没有参加村委会召开的会议的比例为 1.7%。

表2-47　景阳村"你或者家人在去年是否参加了村委会召开的会议"调查结果统计

单位：户，%

类型	频率	百分比
都参加	52	86.7
仅自己参加	6	10.0
别人参加	1	1.7
都没参加	1	1.7
合计	60	100.0

从表 2-48 可以看出，绝大部分受访户 2016 年都参加了村民组召开的会议。表示自己和家人在 2016 年都参加了村民组召开的会议的比例为 85.0%；表示仅自己在 2016 年参加了村民组召开的会议的比例为 11.7%；表示别人在 2016 年参加了村民组召开的会议的比例为 1.7%；表示自己和家人在 2016 年都没有参加村民组召开的会议的比例为 1.7%。

表2-48　景阳村"自己或者家人在 2016 年是否参加了村民组召开的会议"调查结果统计

单位：户，%

类型	频率	百分比
都参加	51	85.0
仅自己参加	7	11.7
别人参加	1	1.7
都没参加	1	1.7
合计	60	100.0

从表 2-49 可以看出，大部分受访者都参加了最近一次乡镇人大代表投票。表示自己和家人都参加了最近一次乡镇人大代表投票的比例为 75.0%；表示仅自己参加了最近一次乡镇人大代表投票的比例为 3.3%；表示别人参加了最近一次乡镇人大代表投票的比例为 1.7%；表示自己和家人都没有参加最近一次乡镇人大代表投票的比例为 5.0%，还有 15.0% 的受访者表示不知道。

表 2-49 景阳村"自己或者家人是否参加了最近一次乡镇人大代表投票"调查结果统计

单位：户，%

类型	频率	百分比
都参加	45	75.0
仅自己参加	2	3.3
别人参加	1	1.7
都没参加	3	5.0
不知道	9	15.0
合计	60	100.0

毛南族具有优秀的民族文化，民间盛行唱山歌，群众对于集体的文化娱乐活动具有浓厚的兴趣。近年来，在村党支部和村委会的组织下，景阳村常常在分龙节、春节等节日期间举办文化体育活动。60 份农户问卷调查结果也反映了村庄文娱活动的一般情况，如表 2-50 至表 2-52 所示。

从表 2-50 可以看出，受访者本村或邻近地区大多有文化娱乐或兴趣组织。表示本村或邻近有文化娱乐或兴趣组织的比例为 81.7%；表示本村或邻近没有文化娱乐或兴趣组织的比例为 16.7%。

表 2-50　景阳村"本村或邻近有没有文化娱乐或兴趣组织"
调查结果统计

单位：户，%

类型	频率	有效百分比
空白	1	1.7
有	49	81.7
无	10	16.7
合计	60	100.0

从表 2-51 可以看出，受访者表示自家参加文化组织
或兴趣组织的比例为 48.3%；不参加文化组织或兴趣组织
的比例为 36.7%。不过，根据访谈结果，受访者大多会对
村里举办的文化娱乐活动抱有兴趣。

表 2-51　景阳村"若有文化组织或兴趣组织，自家是否参加"
调查结果统计

单位：户，%

类型	频率	有效百分比
空白	9	15.0
是	29	48.3
否	22	36.7
合计	60	100.0

从表 2-52 可以看出，表示每月参加一次活动的
比例为 15.0%；表示一年或以上参加一次活动的比例为
8.3%。虽然 76.7% 的受访户没有回答这一问题，但是实
际上每年分龙节和春节举办的文娱活动，在家的村民大
多都会踊跃参加。

表 2-52 景阳村"若是，多长时间参加一次活动"调查结果统计

单位：户，%

类型	频率	有效百分比
空白	46	76.7
每月	9	15.0
一年或以上	5	8.3
合计	60	100.0

总的说来，通过实地访谈与问卷分析可以看出，景阳村民对于政治参与较为关心，特别是村民自治和村庄治理，是群众最为关切，也是参与度最高的事务。

在社会保障方面，截至 2016 年底景阳村享受低保的为 12 户 44 人，占全村总户数的 11.42%、总人口数的 14.91%；全村有五保户 5 户。全村居民均参加了新型农村合作医疗；35 户 105 人参加了农村社会养老保险，占全村总户数的 33.33% 和总人口数的 35.59%。

从表 2-53 可以看出，大部分受访户选择养老保险时，选择城乡居民基本养老保险。选择城乡居民基本养老保险的占 61.7%；选择城镇职工基本养老保险的占 1.7%；选择商业养老保险的占 1.7%；表示没有养老保障的占 33.3%。

表 2-53 景阳村受访户养老保障选择情况统计

单位：户，%

类型	频率	百分比
空白	1	1.7
城乡居民基本养老保险	37	61.7
城镇职工基本养老保险	1	1.7

类型	频率	百分比
商业养老保险	1	1.7
退休金	0	0.0
均无	20	33.3
合计	60	100.0

第三节　贫困状况与贫困成因

一　贫困状况及其特征

从以上描述来看，长期以来景阳村都表现出大石山区贫困村的典型特征。放大到整个区域，景阳村所在的滇桂黔石漠化区就是全国集中连片特困地区之一，景阳村并不是个别案例。20 世纪 80 年代，环江毛南族自治县在未成立之前就被确定为广西 23 个特困山区县之一。据 1985 年统计，环江县有 20 万处于温饱线以下的贫困人口，占全县农村人口的 76.12%。[①]2002 年 2 月，环江毛南族自治县被国务院列为新时期扶贫开发工作重点县，被自治区扶贫开发领导小组认定的贫困村有 85 个。2010 年，全县贫困人口为 17.62 万人，贫困发生率高达 53.8%。2015 年，全县贫困人口为 6.66 万

---

① 《环江 20 年来有 40 万人脱贫》，新华网广西频道，2007 年 10 月 26 日。

人，贫困发生率为17.53%。2016年，全县贫困人口为5.12万人，贫困发生率为13.8%。通过30余年的努力奋斗，环江毛南族自治县的贫困人口规模不断缩小，人民生活水平逐步提高，但是全县农村贫困发生率仍然高于全国农村贫困发生率（4.5%）约9个百分点。整个区域的贫困，在一定程度上对景阳村的扶贫与脱贫工作形成了羁绊。

景阳村的贫困状况表现在各个方面。根据1982年4月的统计资料，景阳全村年总收入为27288元，平均每人不足35元；全村年均统销粮1.6万斤。全村124户786人，其中无棉衣651人，无棉被313人，无蚊帐669人。有瓦房的107户，共297间；有草房的26户，共42间。有111户457人及266头牲畜未解决饮水问题。[①]2011年，全村人均收入达1669元，远远低于广西壮族自治区提出的"'十二五'扶贫规划年收入达到5000元以上"的目标，2012年列入全区3000个扶贫开发整村推进贫困村。截至2015年底，全村共有贫困户56户149人，属于新阶段脱贫攻坚有劳动能力、有劳动意愿的贫困户有25户66人。其中享受农村低保的116人，残疾人13人，五保户6人，缺乏劳动力的农户5户，长期患病致贫的农户9户。2015年贫困户人均纯收入为2800元。根据村庄问卷调查结果，可以了解到景阳村的整体贫困状况（见表2-54）。

---

① 《毛难族地区经济情况调查统计表》（1982年），环江毛南族自治县档案馆藏，全宗号80。原件记录每人平均36元，系计算错误。

表 2-54　景阳村建档立卡贫困人口

项目	2014 年	2015 年	2016 年
贫困户数（户）	89	56	18
贫困人口数（人）	197	149	32
因病致贫人口	32	50	7
因学致贫人口	58	40	1
因缺劳力致贫人口	107	59	25
调出贫困户数（调整为非贫困户）	╳	33	38
调出贫困人口数	╳	48	117
调入贫困户数（调整为贫困户）	╳	0	0
调入贫困人口数	╳	0	0
脱贫户数		0	38
脱贫人口数		0	117
a. 发展生产脱贫		0	117
b. 转移就业脱贫			60
c. 易地搬迁脱贫			7
d. 生态补偿脱贫			17
e. 社保兜底脱贫			54

　　60 份农户问卷调查统计结果，可在一定程度上反映景阳村民收支状况及生活满意度（见表 2-55 至表 2-57）。

　　从表 2-55 可以看出，受访者中没有享受补贴性收入救济农业及其他的占 25.0%；享受补贴性收入救济农业及其他在 1000 元及以下的占 6.7%；享受补贴性收入救济农业及其他在 1001~2000 元的占 20.0%；享受补贴性收入救济农业及其他在 2001~3000 元的占 13.3%；享受补贴性收入救济农业及其他在 3001~4000 元的占 13.3%；享受补贴性收入救济农业及其他在 4000 元及以上的占 18.3%。

表2-55 景阳村受访户补贴性收入救济农业及其他

金额（元）	频率（户）	百分比（%）
0	15	25.0
1000及以下	4	6.7
1001~2000	12	20.0
2001~3000	8	13.3
3001~4000	8	13.3
4000及以上	11	18.3
合计	58	96.7
缺失	2	3.3
合计	60	100.0

在村庄经济现状调查中，曾对农户收入进行了统计，发现受访户2016年劳动收入大部分在1001~5000元。劳动收入在1000元及以下的比例为6.7%；劳动收入在1001~5000元的比例为43.3%；劳动收入在5001~10000元的比例为11.7%；劳动收入在10001~20000元的比例为13.3%；劳动收入在20001元及以上的比例为11.7%。受访户关于家庭收入的态度，如表2-56、表2-57所示。

从表2-56可以看出，大部分受访户认为2016年收入较低。认为收入较高的占1.7%；认为收入一般的占28.3%；认为收入较低的占45.0%；认为收入非常低的占23.3%。

表2-56 景阳村"你觉得你们家2016年收入怎么样"调查结果

单位：户，%

类型	频率	有效百分比
空白	1	1.7
较高	1	1.7
一般	17	28.3

类型	频率	有效百分比
较低	27	45.0
非常低	14	23.3
合计	60	100.0

从表 2-57 可以看出，大部分受访户对家庭收入表示不满意。对家庭收入表示比较满意的占 13.3%；认为家庭收入一般的占 28.3%；对家庭收入表示不太满意的占 46.7%；对家庭收入表示很不满意的占 10.0%。

表 2-57　景阳村受访户对家庭收入满意情况

单位：户，%

类型	频率	百分比
空白	1	1.7
比较满意	8	13.3
一般	17	28.3
不太满意	28	46.7
很不满意	6	10.0
合计	60	100.0

关于受访户家庭支出、借贷以及受访户对生活满意度的评价，如表 2-58 至表 2-73 所示。

从表 2-58 可以看出，大部分受访户 2016 年家庭生活消费总支出在 5000 元及以下，这与大部分受访户家庭农业经营年收入在 5000 元左右相符。2016 年家庭生活消费总支出在 5000 元及以下的占 45.0%；2016 年家庭生活消费总支出在 5001~10000 元的占 25.0%；2016 年家庭生活消费总支出在 10001~20000 元的占 21.7%；2016 年家庭生活消费总支出在 20001 元及以上的占 6.7%。

表 2-58　2016 年景阳村受访户家庭生活消费总支出

金额（元）	频率（户）	百分比（%）
5000 及以下	27	45.0
5001~10000	15	25.0
10001~20000	13	21.7
20001 及以上	4	6.7
合计	59	98.3
缺失	1	1.7
合计	60	100.0

从表 2-59 可以看出，受访户在 2016 年食品支出大部分在 1001~3000 元。食品支出在 1000 元及以下的占 15.0%；在 1001~3000 元的占 36.7%；在 3001~5000 元的占 16.7%；在 5001~7000 元的占 11.7%；在 7001 元及以上的占 18.3%。由于景阳村退耕还林不再以粮食生产为主，因此村民的主食和部分副食必须从市场购买。考虑到这种情况，综合受访户食品支出统计分析，可以看出村民的日常生活水平是较低的。

表 2-59　景阳村受访户 2016 年食品支出情况

金额（元）	频率（户）	百分比（%）
1000 及以下	9	15.0
1001~3000	22	36.7
3001~5000	10	16.7
5001~7000	7	11.7
7001 及以上	11	18.3
合计	59	98.3

金额（元）	频率（户）	百分比（%）
缺失	1	1.7
合计	60	100.0

从表 2-60 可以看出，受访户医疗支出在 1001~3000 元的占大部分。报销后医疗支出在 1000 元及以下的占 15.0%；报销后医疗支出在 1001~3000 元的占 36.7%；报销后医疗支出在 3001~5000 元的占 16.7%；报销后医疗支出在 5001~7000 元的占 11.7%；报销后医疗支出在 7001 元及以上的占 18.3%。

表 2-60 景阳村受访户医疗支出情况

金额（元）	频率（户）	百分比（%）
1000 及以下	9	15.0
1001~3000	22	36.7
3001~5000	10	16.7
5001~7000	7	11.7
7001 及以上	11	18.3
合计	59	98.3
缺失	1	1.7
合计	60	100.0

从表 2-61 可以看出，受访户报销后医疗总支出大部分在 1000 元及以下。报销后医疗总支出在 1000 元及以下的占 10.0%；报销后医疗总支出在 1001~3000 元的占 5.0%；报销后医疗总支出在 3001~5000 元的占 5.0%；报销后医疗总支出在 5001 元及以上的占 5.0%。

表 2-61　景阳村受访户报销后医疗总支出

金额（元）	频率（户）	百分比（%）
1000 及以下	6	10.0
1001~3000	3	5.0
3001~5000	3	5.0
5001 及以上	3	5.0
0	38	63.3
合计	53	88.3
缺失	7	11.7
合计	60	100.0

从表 2-62 可以看出，大部分受访户没有教育支出。受访户教育总支出在 2000 元及以下的占 18.3%；教育总支出在 2001~10000 元的占 8.3%；教育总支出在 10001 元及以上的占 5.0%；教育总支出为 0 的占 48.3%。

表 2-62　景阳村受访户 2016 年教育总支出

金额（元）	频率（户）	百分比（%）
2000 及以下	11	18.3
2001~10000	5	8.3
10001 及以上	3	5.0
0	29	48.3
合计	48	80.0
缺失	12	20.0
合计	60	100.0

从表 2-63 可以看出，受访户缴纳养老保险费的比例为 65.0%。其中大部分人缴纳的金额为 100~200 元，部分缴纳的金额 300 元，个别人缴纳的金额为 400 元、600 元、700 元。

表 2-63　景阳村受访户养老保险费

金额（元）	频率（户）	百分比（%）
0	11	18.3
100	10	16.7
200	18	30.0
300	8	13.3
400	1	1.7
600	1	1.7
700	1	1.7
合计	50	83.3
缺失	10	16.7
合计	60	100.0

从表 2-64 可以看出，受访户合作医疗保险费大部分在 101~600 元。合作医疗保险费在 100 元及以下的占 3.3%；合作医疗保险费在 101~600 元的占 88.3%；合作医疗保险费在 601 元及以上的占 8.3%。

表 2-64　景阳村受访户合作医疗保险费

金额（元）	频率（户）	百分比（%）
100 及以下	2	3.3
101~600	53	88.3
601 及以上	5	8.3
合计	60	100.0

从表 2-65 可以看出，大部分受访户没有礼金支出，所占比例为 48.3%，这在农村中是极为少见的，或许是受访户理解有误。受访户礼金支出大多在 2000 元以下，但是支出在 1001 元及以上的比例达到了 21.7%，这对于贫困农村家庭也是不小的负担。

表 2-65　景阳村受访户礼金支出

金额（元）	频率（户）	百分比（%）
0	29	48.3
1~1000	10	16.7
1001~2000	7	11.7
2001 及以上	6	10.0
合计	52	86.7
缺失	8	13.3
合计	60	100.0

从表 2-66 可以看出，55.0% 的受访户 2016 年底家庭没有存款（包括借出去的钱）。有存款（包括借出去的钱，下同）的受访户中大部分存款金额在 5000 元及以下。其中，2016 年底家庭存款在 1000 元及以下的占 15.0%，在 1001~5000 元的占 16.7%，在 5001~8000 元的占 8.3%，在 8001 元及以上的占 3.3%。

表 2-66　景阳村受访户 2016 年底家庭存款（包括借出去的钱）

金额（元）	频率（户）	百分比（%）
0	33	55.0
1000 及以下	9	15.0
1001~5000	10	16.7
5001~8000	5	8.3
8001 及以上	2	3.3
合计	59	98.3
缺失	1	1.7
合计	60	100.0

从表 2-67 可以看出，53.3% 的受访户 2016 年底没有家庭贷款（包括借入的钱）。受访户中，2016 年底家庭贷款（包括借入的钱，下同）在 10000 元及以下的占 6.7%，在 10001~40000 元

的占 13.3%，在 40001~80000 元的占 23.3%，在 80001 元及以上的占 1.7%。贷款金额在 40001~80000 万元的所占比例较高，这与景阳村开展易地搬迁、村民贷款建房有直接关系。

表 2-67　景阳村受访户 2016 年底家庭贷款（包括借入的钱）

金额（元）	频率（户）	百分比（%）
0	32	53.3
10000 及以下	4	6.7
10001~40000	8	13.3
40001~80000	14	23.3
80001 及以上	1	1.7
合计	59	98.3
缺失	1	1.7
合计	60	100.0

从表 2-68 可以看出，大部分受访户认为现在生活状况一般。对现在生活状况非常满意的占 1.7%；对现在生活状况比较满意的占 30.0%；认为现在生活状况一般的占 43.3%；对现在生活状况不太满意的占 21.7%；对现在生活状况很不满意的占 3.3%。总体来看，大部分受访户对现在生活状况不满意。

表 2-68　景阳村受访户总体对现在生活状况满意程度

单位：户，%

类型	频率	百分比
非常满意	1	1.7
比较满意	18	30.0
一般	26	43.3
不太满意	13	21.7
很不满意	2	3.3
合计	60	100.0

从表 2-69 可以看出，大部分受访户认为昨天的幸福程度一般。感觉非常幸福的占 1.7%；感觉比较幸福的占 26.7%；感觉一般的占 45.0%；感觉不太幸福的占 27.1%；感觉很不幸福的占 5.0%。

表 2-69　景阳村受访户昨天的幸福程度

单位：户，%

类型	频率	百分比
非常幸福	1	1.7
比较幸福	16	26.7
一般	27	45.0
不太幸福	13	21.7
很不幸福	3	5.0
合计	60	100.0

从表 2-70 可以看出，大部分受访户认为生活比 5 年前好一些。认为好很多的占 3.3%；认为好一些的占 63.3%；认为差不多的占 30.0%；认为差一些的占 3.3%。实际上，与 5 年前相比，景阳村群众生活条件的改善十分明显。认为"好一些"或"差不多"的，可能是与周边相比仍然差距很大，也可能是自身能力提高不多。

表 2-70　景阳村"与 5 年前比，你家的生活变得怎么样"调查结果统计

单位：户，%

类型	频率	百分比
好很多	2	3.3
好一些	38	63.3
差不多	18	30.0
差一些	2	3.3
合计	60	100.0

从表 2-71 可以看出，大部分受访户认为 5 年后生活会变得好一些。认为会好很多的占 1.7%；认为会好一些的占 63.3%；认为差不多的占 31.7%；认为会差一些占 1.7%；认为不好说的占 1.7%。说明大家对目前的脱贫攻坚工作抱有较大的信心。

表2-71　景阳村"你觉得 5 年后你家的生活会变得怎么样"
调查结果统计

单位：户，%

类型	频率	百分比
好很多	1	1.7
好一些	38	63.3
差不多	19	31.7
差一些	1	1.7
不好说	1	1.7
合计	60	100.0

从表 2-72 可以看出，大部分受访户认为自己与多数亲朋好友相比过得差不多。认为比多数亲朋好友过得好一些的占 8.3%；认为与多数亲朋好友过得差不多的占 66.7%；认为比多数亲朋好友过得差一些的占 20.0%；认为比多数亲朋好友过得差很多的占 5.0%。

表2-72　景阳村"与多数亲朋好友比，你家过得怎么样"调查结果统计

单位：户，%

类型	频率	百分比
好一些	5	8.3
差不多	40	66.7
差一些	12	20.0
差很多	3	5.0
合计	60	100.0

从表 2-73 可以看出，大部分受访户认为自己与本村多数人相比过得差不多。认为比本村多数人过得好一些的占 6.7%；认为与本村多数人过得差不多的占 70.0%；认为比本村多数人过得差一些的占 16.7%；认为比本村多数人过得差很多的占 6.7%。大部分受访户认为自己与亲朋好友及本村人的生活水平都差不多，说明区域性或整体性贫困的特征非常明显。

表 2-73 景阳村"与本村多数人比，你家过得怎么样"调查结果统计

单位：户，%

类型	频率	百分比
好一些	4	6.7
差不多	42	70.0
差一些	10	16.7
差很多	4	6.7
合计	60	100.0

总之，从上述情况来看，景阳村表现出滇桂黔石漠化区深度贫困村庄的典型特征。一是自然环境差，山高谷深，缺土少水，土地石漠化严重，旱冻灾害频发，从事传统农业生产的条件十分恶劣。21世纪以来，由于退耕还林，村民基本依靠补贴和打工收入生活。二是基础设施缺乏，长期没有通村公路，通屯公路更是里程短、质量低，通电村寨覆盖不全且电压弱，优质的医疗和教育资源不足，饮水安全问题严重。三是居住条件差，居住草房、简易房及危房的比例大，2015年以后通过易地搬迁大多数人改善了居住条件。四是接受较高阶段教育的人数少，中老年文盲

半文盲比例大，中小学生离家寄宿上学成本高，看戏、看电影、看电视难，物质贫困加剧了精神贫困。[①] 从景阳村60份农户问卷分析结果来，受访者家庭普遍存在经济结构单一、生产收入不高的问题，大部分家庭生活水平差别不大。面对这样一种深度贫困状态，尽管通过长期的努力和奋斗，在实施精准扶贫战略以前，景阳村的脱贫攻坚工作依然难以取得决定性胜利。

二　主要致贫原因

总体来看，景阳村贫困，从根本上说是由于所处自然环境极大地制约了传统农业的发展，直接影响到基础设施的建设和公共服务的有效供给，以及文化和教育水平的提高。由于自然资源贫乏，经济结构单一，生活环境恶劣，人口萎缩和人才流失，很难形成自我发展的机制和能力。在这样的条件下，如果没有政策支持和外部援助，景阳村无法实现整体脱贫的目标。

第一，自然条件差，产业结构单一。景阳村身处大石山区，土地利用率低，旱涝不保收。退耕还林以后，外出务工及林下养殖成为群众的生活支柱，生产结构单一，群众经济收入来源较少，抗风险能力低，自然灾害一旦发生，往往造成生产受损、生活困难、农民减收、贫困加深，返贫困难突出。

---

① 黄荣彪、黄炳峰主编《广西民族区域自治集成·环江毛南族自治县卷》，广西民族出版社，2017，第69页。

第二，区域位置约束，发展环境不优。景阳村的22个自然屯均远离公路主道，没有1个自然屯与县级公路毗邻，且没有覆盖全村的公路网络；屯与屯之间相隔较远，全长21.4公里的屯级道路尚未硬化，特别是远离县级公路的上脑屯至松园屯、巴芽屯至川山镇顶吉屯、村委至巴芽屯、洞雅至上告屯、洞阳屯至上忙屯等尚未通路，给村民的生产、生活带来了巨大不便，严重影响农户创收。

第三，劳动力综合素质不高，生产效益难以提高。根据2015年的统计，全村共有劳动力193人，其中仅小学文化水平的就有180人，占劳动力人口的93%；劳动力大多是大龄未婚男性，生产劳动积极性不高，外出务工人员有93人，目前在家的主要是低文化和"妇幼、老弱、病残"人员，致使家庭经济发展缺计划、缺技术、缺经营能力，缺乏脱贫致富的信心和决心。

第四，资金投入不足，生产规模难以扩大，生产质量难以提高。景阳村民普遍缺乏资金，生产投入不足，有些贫困户连化肥、农药等基本生产资料也无法购买，更谈不上推广新技术、新品种，发展多种经营方式。由于无规模产业，农村信用社对群众贷款额有限，加上文化素质低，没有发展规划和目标，部分群众不愿贷款或不敢贷款，担心从银行贷款后生产失败而丧失偿还能力，因此缺乏资金成为制约群众发展经济的瓶颈。

第五，基层组织建设仍然薄弱，不能满足新时期农村经济发展要求。由于外出的人多，要求入党的少，党员老龄化严重。部分党员、干部仍沿袭传统工作思路，习惯于行政命令式的工作方法，思想僵化、工作被动、疲于应付，缺乏主动创业的闯劲，创新意识不强。村级硬件配套设施不够完善，村部虽然有了办公楼，但无必备的功能室和相关设施，一定程度上影响了村级工作的开展。村级集体经济相对薄弱，村集体经济无收入来源。

根据60份农户问卷统计，可以在一定程度上了解景阳村贫困户的主要致贫原因（见表2-74）。

表2-74　景阳村受访户最主要致贫原因统计

单位：户，%

类型	频率	有效百分比
空白	25	41.7
生病	4	6.7
自身发展动力不足	4	6.7
因婚	1	1.7
上学	1	1.7
缺土地	1	1.7
缺技术	6	10.0
缺劳力	6	10.0
缺资金	12	20.0
合计	60	100.0

从表2-74可以看出，受访户认为最主要的致贫原因是多样的，其中缺资金所占比例最大，缺技术和缺劳力次之，生病和自身发展动力不足再次之。类似景阳村这样的贫困村，贫困人口多，贫困面大，贫困程度深，缺资金自然排在第一位。封闭的自然地理环境和较为落

后的文化教育水平及公共服务，则是造成劳动力综合素质较低，从而缺乏技术技能的重要原因。总之，面对这样一种深度贫困状态，即使通过长期的努力和奋斗，如果没有政策支持和外部援助，景阳村也无法实现整体脱贫的目标。

第三章

扶贫开发与易地搬迁

20世纪80年代以来，环江毛南族自治县先后被自治区和国务院列为特困山区县和扶贫开发工作重点县，扶贫工作一直是全县各项工作的重中之重。在上级党委和政府的领导下，环江毛南族自治县干部和群众通过不断努力，走出了一条将扶贫开发与异地安置相结合的创新路子，在扶贫工作中取得了显著成效。景阳村是下南乡的贫困村，也是下南乡扶贫工作重点村，易地搬迁作为贫困治理的重要途径，在景阳村的反贫困实践中起到了积极的作用。

第一节　扶贫工作的开展

一　扶贫开发的措施和成效

1. 扶贫成效

新中国自成立以来，就十分重视民生建设，将之与建政工作一起放在头等重要的位置。对于贫困地区和贫困人口的扶持与救助工作，主要由民政部门牵头进行。扶贫的主要对象是军烈属、复员退伍军人中的困难户，以及社会上一些其他困难户。扶贫的方式主要是发放救济金、救助物资、生产资料等。这些措施对于缓解群众生产、生活上的困难起到了一定作用，但不能从根本上挖掉贫困的根源、彻底消除贫困现象。改革开放后，针对民族地区整体发展水平一直相对较低，贫困面积大、贫困人口多、贫困程度深的特点，中央先后制定、实施了一系列倾斜性扶贫政策和措施，大致可以分为体制变迁带动民族地区扶贫（1978~1985年）、项目开发推进民族地区扶贫（1986~1993年）、民族地区展开"八七"扶贫攻坚（1994~2000年）、重点扶持特困民族地区（2001~2011年）、脱贫攻坚决胜（2012年以来）五个演进阶段。[①] 这些政策措施的实施，对推进民族地区减贫脱贫、使之与全国同步实现全面建成小康社会的奋斗目标发挥了重要作用。

① 李天华：《改革开放以来民族地区扶贫政策的演进及特点》，《当代中国史研究》2017年第1期。

1983 年 3 月，中共环江县委、县人民政府成立扶贫领导小组；1986 年，环江县人民政府扶贫办公室成立。1987 年环江毛南族自治县成立后，全县的扶贫工作得到了更加积极有效的推进。其扶贫开发工作在各级党委、政府的领导下，根据中央、自治区的扶贫开发工作纲要，紧紧围绕扶贫和脱贫目标，坚持政府统一规划和统筹安排，强力推进扶贫基础设施建设大提升、扶贫产业到户大覆盖、扶贫集中连片大开发、扶贫易地移民大搬迁、扶贫教育素质大提升、转向行业社会扶贫资金大整合等有效措施，推进全县扶贫工作深入开展，取得了明显成效。

首先，贫困人口大幅减少。全县农村贫困人口从 1986 年底的 20.74 万人减少到 2016 年底的 5.12 万人，贫困人口累计减少 15.62 万人；贫困发生率由 55.94% 下降到 13.8%，下降了 42.14 个百分点；农村居民人均可支配收入由 1986 年的 249 元，提高到 8122 元，增长了 32.6 倍。全县城乡面貌发生了巨大变化，人民生活水平有了大幅提升。

其次，基础设施和公共服务大发展。全县道路交通、电力通信、人畜饮水、教育卫生、文化科技等各项建设速度加快，特别是地处山区的贫困村贫困户的生产、生活条件有所改善，村容村貌得到较大的改观。

最后，农村产业扶贫大覆盖。通过狠抓扶贫产业发展，环江毛南族自治县的桑蚕、糖蔗、特色水果、菜牛、山猪、中草药、核桃、林业等形成一定规模，给群众带来了实在的收入。截至 2017 年 10 月，全县贫困户产业覆盖率达到 88.9%。

归纳起来，环江毛南族自治县扶贫工作的积极经验主要有几条：一是实施易地扶贫搬迁"挪穷窝"，二是实施整乡（村）推进"摘穷帽"，三是实施产业扶贫"解穷困"，四是实施精准帮扶"拔穷根"，五是实施因村因户施策"断穷源"。自"八七"扶贫攻坚以来，环江扶贫工作多次得到自治区扶贫领导小组通报表扬，特别是2016年环江毛南族自治县作为广西唯一的县份在全国民族自治县打赢脱贫攻坚战全面建成小康社会经验交流会上做了典型发言；2016年6月圆满通过国务院精准扶贫成效第三方评估；2016年河池市脱贫摘帽百日攻坚现场会在环江召开。[①] 所有这些荣誉，都是上级领导部门对环江扶贫工作的肯定。

　　2. 扶贫措施

　　毛南族聚居区是环江扶贫工作的重点和难点地区，最先是救济粮食、衣物等物资和用以工代赈等方式扶贫帮困，解决温饱问题；然后是对教育、卫生、人畜饮水、公路交通、电力、电信、金融财政及实用技术培训，大力发展主导产业等，进行全方位扶贫。仅仅是2001~2010年的十年间，上级政府安排在环江毛南族的扶持、扶贫项目就有140个，涉及交通、人畜饮水、农田水利、教育、卫生、消防、培训、文化体育、能源及生态建设、民族文化遗产抢救等内容，共计投入3170万元。[②] 据2013

---

①　环江毛南族自治县扶贫开发办公室：《回顾辉煌过去　展望美好未来——自治县扶贫办三十年扶贫工作总结》，2017年6月。
②　毛南族志编纂委员会编著《毛南族志》，广西人民出版社，2015，第168、173页。

年的统计，下南乡全乡总人口 18861 人（毛南族人口占 98.2%），其中贫困户 2542 户，贫困人口 6797 人，贫困发生率为 36.03%，位居全县 12 个乡镇前列，当年农民人均纯收入 3220 元，比全县农民人均纯收入（5502 元）少 2282 元。[①]2014 年，下南乡成为环江毛南族自治县第二个"整乡推进"试点，扶贫工作加速推进。2015 年，全乡贫困户减少至 998 户，贫困人数减少至 3345 人，贫困发生率大幅下降至 18.5%，低于全县贫困发生率平均水平（20.66%），为环江毛南族自治县的减贫工作做出了积极贡献。

2015 年，环江毛南族自治县迎来"十二五"扶贫规划实施的收官之年和"十三五"扶贫工作的谋划之年。为此，下南乡党委、乡人民政府于当年 1 月印发《下南乡开发扶贫工作方案》（以下简称《方案》），决心深化扶贫体制改革，深入推进精准扶贫，使开发扶贫攻坚工程得到进一步提升。《方案》以加快贫困群众增收脱贫步伐为目标，以产业扶贫、教育培训扶贫、生态移民扶贫、整村推进扶贫为重点，以精准扶贫、金融扶贫、扶贫绩效考核、信息化管理为手段，以强化能力建设和资金项目监管为保障，进一步完善政府、市场、社会协同推进的扶贫工作大格局，推动下南乡新一轮扶贫攻坚深入开展，为实现与全县、全市同步全面建成小康社会打好基础。其主要工作内容有如下几方面。

---

① 《环江毛南族自治县开发扶贫"整乡推进"下南乡 2014 年工作总结》，下南乡人民政府办公室提供，无日期。

（1）大力加强产业扶贫工作。抓好"十百千"产业扶贫示范项目建设，全面实施产业扶贫专项规划，大力发展核桃、W·默科特、桑蚕、经济林、特色水果、特色养殖等十大扶贫主导产业，加快培育贫困群众增收致富支柱产业。加大对贫困地区农民专业合作组织的扶持力度，发挥其示范带动作用，增强贫困村的发展后劲和贫困群众的增收能力。加大科技扶贫工作力度，充分发挥好科技在扶贫开发工作中的作用。

（2）大力加强扶贫生态移民工作。配合县发改部门编制好扶贫生态移民搬迁规划。加大力度筹措、整合资金，配合发改部门加快建设下南乡全面统筹整乡推进，搬迁安置630户2200人。

（3）大力加强连片开发扶贫工作。学习市级大安乡"整乡推进"示范区建设和自治县各乡的"整乡推进"试点工作；围绕年内农民人均纯收入增长目标，以发展特色优势产业、改善生产生活条件、增加集体经济收入、提高自我发展能力为重点，扎实推进贫困村整村推进扶贫开发；围绕"美丽广西·生态乡村"建设，抓好贫困村屯的道路建设和绿化工作。

（4）大力加强整村推进工作。认真对照《广西壮族自治区"十二五"时期扶贫开发整村推进验收办法》，对全乡"十二五"期间7个"整村推进"贫困村投入的财政扶贫资金进行全面排查，对尚未达到投入要求的贫困村给予财政扶贫资金倾斜安排，加大投入，确保完成投入目标任务。

（5）大力加强"雨露计划"教育培训工作。进一步落实学历教育补助政策，对贫困家庭子女实行"应补尽补"。

探索创新短期技能培训，实行以奖代补。组织开展贫困村村干部和致富带头人的培训。围绕产业扶贫项目的实施开展实用技术培训，提高培训的针对性和实效性。

（6）大力加强金融扶贫工作。抓好扶贫龙头企业培育和认定工作，进一步引导更多企业参与扶贫工作，发挥好扶贫龙头企业的辐射带动作用；抓好小额信贷扶贫工作，全面开展扶贫小额贷款风险奖补工作，加大与农村信用社联社等金融机构的协作力度，寻求更多途径解决影响贫困农民增收的资金投入瓶颈问题；加强对贫困村互助资金试点工作的指导，确保试点村互助资金工作的健康、规范运行，促进贫困村产业开发，加快贫困农户脱贫致富步伐。

（7）大力加强旅游扶贫工作。抢抓国家实施乡村旅游富民工程机遇，协助旅游部门编制下南乡乡村旅游发展规划，会同旅游部门在有条件的建档立卡贫困村开展旅游扶贫试点，针对不同村情、旅游资源特性和市场需求，分批次、分步骤实施建设，重点做好市场推广、人才培训和基础设施、公共服务设施提升，开展乡村旅游改厨、改厕和环境卫生整治，全面改善乡村旅游发展环境。支持贫困群众参与旅游产业发展，增加收入，提升能力。

（8）大力加强社会扶贫工作。加强与各级部门及企业的扶贫协作，重点抓好下南乡整村推进示范村建设；加强与下南乡对口帮扶单位的沟通协调，认真实施好下南乡对口帮扶项目；深入推进机关、事业单位、军警部队和国有企业参加定点扶贫，抓好"领导挂点、单位包村、干部包户"的跟踪管理和服务工作；谋划和组织开展好年度"扶贫日"活动；深入实施"千企助百村"活动，进一步动员社会力量参与扶贫开发，争取全县大中型非公有制企业、社会组织和各界人士开展定点扶持贫困村工作，实施一企一村"村企共建"活动。继续实施"5321"①结对帮扶制度，配合组织部门落实"美丽广西"乡村建设（扶贫）工作队进驻全市所有行政村工作，确保每个行政村进驻 2~3 名队员。在巩固下南乡贫困村、贫困户识别和建档立卡工作成果基础上，建立健全对贫困户的精准帮扶机制，指导派出单位与派驻村搞好结对帮扶，对贫困村、扶贫对象户逐一分析致贫原因，制定帮扶规划、帮扶措施，落实帮扶责任人，努力实现扶贫资源精准配置。注重做好少数民族、华侨、妇女、计生困难户、退伍士兵和残疾人等特殊贫困群体的扶持，做好人口计生与扶贫开发相结合工作。

（9）大力加强外资扶贫项目实施能力。积极响应自治县申报世界银行贷款广西贫困片区农村扶贫试点示范项目的县（市、区）项目申报工作的培训，配合自治县做好项目申报材料准备，积极参与竞选，争取更多世界银行项目落户下南。同时加强项目实施过程的监督和指导，提升外资扶贫项目实施能力。

（10）大力加强扶贫信息化建设工作。配合自治县扶贫办构建扶贫资金报账、扶贫项目进度等信息管理平台。抓好乡、村扶贫信息员队伍建设，实现对扶贫开发建档立

---

① 指环江毛南族自治县制定的"5321"脱贫产业工程，即流转土地 5 万亩，创建 3 个自治区级特色农业核心示范区，特色农业产业覆盖贫困户 2 万户以上，创建 1 个万亩连片红心香柚特色果业扶贫产业园。

卡信息的动态管理。加大扶贫统计监测培训及督查力度，确保县、乡数据的统一性、科学性和及时性。

景阳村是下南乡7个贫困村之一，也是"整村推进"的重点村之一。随着下南乡开发扶贫工作的进一步深入开展，景阳村的精准扶贫精准脱贫攻坚战进入了最后的紧要关头。本报告第四章将对此展开论述。

二 扶贫工作的困难与问题

环江毛南族自治县地处滇桂黔石漠化区，贫困村和贫困户大多居住在石山区，生存环境恶劣，基础设施落后，产业转型十分困难，稳定增收的项目未普遍形成，脱贫摘帽的压力非常大。通过对景阳村的调查，我们认为当地扶贫工作面临的主要问题有以下几点。

一是部分贫困户脱贫内生动力不足。特别是病残型、智障型、光棍型贫困户，因自身能力和家庭条件限制，缺乏脱贫的主观能动性。因此，主观能动性是扶贫脱贫的最关键因素。群众不主动，不要求，政府一头热，收效不大。例如，下南乡将发展核桃种植作为产业扶贫的重点，年年下达任务，免费提供苗木。然而，山区气候寒冷、缺水，树木成活率不足50%，群众不愿种植。中国的扶贫工作必须在党和政府的主导下才能取得成效，但只靠行政命令和政府行为，并不是扶贫脱贫的最佳方式。

二是中老年单身问题。景阳村的贫困根源主要在于自然环境造成的长期发展滞后，实施易地搬迁及发展林下养殖产业以后，大部分群众可以期望未来不久的生活水平显著提高，实现脱贫目标。然而，中老年单身群体在许多方面处于弱势，即使实现易地搬迁，对于他们来说生产生活依然存在困难。根据课题组的了解，2016年下南乡贫困户为998户，其中约100户为单身汉，占贫困户的10%。这些单身汉结婚的可能性极低，将来的养老问题会很突出。

例如，景阳村上脑屯共9户23人，全是贫困人口。全屯18岁以上成年男子13人，只有3人结过婚，其中1人已离婚。有1户兄弟6人，只有小弟曾经外出打工娶了妻子，但是在孩子几岁时妻子离家出走了。上脑屯队长（村民小组组长）已经50岁，未婚；大弟40余岁，未婚；妹妹30岁，外出打工，未婚。兄弟俩已经分户，但兄妹三人仍与母亲合住在一起。2016年，两兄弟开始从事林下养殖，养了20头山猪和菜牛，当年投入3000余元购买玉米粉，因山猪两年才能出栏，所以到2017年初还没有太多收益，全家收入主要是退耕还林的补贴1500余元和生态公益林的补贴6000余元。在精准扶贫工作中，县老干部局的一位工作人员帮扶兄弟俩，每月都入户和他们交流。他们两家的脱贫措施是发展林下养殖，计划养殖山猪50头、山鸡100只。因为没有资助，队长还是很担忧，说："计划是计划了，但做得做不得就不晓得了。"对于脱贫，队长的首要愿望是希望身体健康。2011年他患上胸膜炎，在县医院住了16天，花费1.2万元，报销7000余元。后续治疗又花了5000余元，因为没有住院，所以不能报销。由于身体虚弱，每年他可获得一定数额的大病救助。他认为，主要是没有就业途径，只靠救济不能最终摆脱贫困。队长兄弟俩的情况在一定程度上反映了中老年单身汉的困境，实际上他们两人还没有进入老年，老年单身汉尽管被纳入五保户，生活状况也令人担忧。2017年初，景阳村即有两位孤身老人去世。

三是基础设施建设问题。景阳村这样地处大石山区的村庄，扶贫工作面临的一大难题是基础设施建设。长期以来的滞后发展，使山区的道路交通和水利电力等基础设施都存在较大不足。景阳村的一些村民小组如巴芽屯，一直没有通路，全屯30余户不得已易地搬迁。不过，即使没有村民居住，道路交通问题也需要解决，因为该屯有1万亩生态公益林，没有公路不仅难于管护，而且万一发生火灾都无法进行扑救。村干部和村民都认为，基础设施搞好了，路、水、电三通了，就会促使人想办法发展，如果基础设施做好了，再不发展就是个人因素了。

四是自我发展能力问题。一个地方的贫困是多种因素交织影响的结果，虽然不能仅从原居民方面找原因，但是贫困地区的贫困与自我发展能力密不可分。如果家中有人外出务工，按照月收入3000元计算，年收入即近4万元，一家三口可达到脱贫指标。同时，景阳村的生态公益林面积近4万亩，每亩补贴14元，每年有50余万元的补贴（管护费）。但是，如果将支出列入，实际余额并不多甚至没有，因为外出务工的生活成本并不低。因此，如果没有稳定持续的收入增长，要达到真正的脱贫并不容易。其中的关键在于自我发展能力的不断提高。

从地方政府角度来说，扶贫工作同样面临许多难题，其中最重要的就是扶贫资金问题。目前，投入不足仍是制约少数民族聚集区扶贫开发工作的重大瓶颈，特别是在产业发展、基础设施、教育培训、政策兜底、安置补偿等方面，需要上级政府给予更多的资金项目和政策扶持倾斜，不断巩固民族贫困地区的发展成果。

第二节　易地搬迁的实施

一　移民扶贫的历史背景

　　移民扶贫是反贫困政策的重要组成部分，在许多国家都存在过。一般认为，当代中国大规模的易地搬迁开始于20世纪80年代初期，最早在宁夏回族自治区南部山区实施。因生态环境极端恶化而无法保障正常生活，那里的居民于1982年起在政府的组织下迁居外地。[①] 这种以扶贫为目的的易地搬迁随后在中国的许多地区展开，为反贫困斗争做出了显著贡献。"十二五"期间，中国共有1100余万贫困人口通过财政扶持的易地搬迁改善了生存状况；"十三五"期间，计划有近1000万贫困人口通过易地搬迁

---

① 李宁、龚世俊：《论宁夏地区生态移民》，《哈尔滨工业大学学报》2003年第5期。

实现脱贫。①

易地搬迁是中国政府实施反贫困计划的开始，又是在农村地区最终消灭绝对贫困的重要途径，因而具有重要的现实意义。实施易地搬迁的贫困人口，主要分布在中国西部和中部的荒漠化地区、高寒山区和石山区。这些地区自然条件恶劣，地理环境偏僻，土少地瘠，缺水多灾，基础设施薄弱，社会事业发展滞后，具有"一方水土不能养活一方人"的典型特征，同时是少数民族聚居的地方，少数民族贫困人口是易地搬迁的重要对象。② 换言之，作为中国重要扶贫政策的易地搬迁，对于少数民族和民族地区的反贫困实践及其最终走向现代化之路，起到了非常重要的作用。

滇桂黔石漠化片区的反贫困实践具有长期性、特殊性和艰巨性，这是广西、云南、贵州等西南省区共同面临的一大难题。截至 2013 年，广西居住在石漠化连片特困地区的农村贫困人口约有 330 万人，占全区贫困人口（634 万人）的 52%；其中居住在生存条件恶劣的大石山区、石漠化区、生态脆弱区的群众约有 200 万人，他们中超过 75% 的人口生活在贫困线以下。③ 在贫困治理过程中，广西壮族自治区所采取的异地安置与扶贫开发相结合的模式

---

① 中华人民共和国国家发展和改革委员会：《全国"十三五"易地扶贫搬迁规划》，中华人民共和国国家发展和改革委员会规划司网站，2017 年 5 月 16 日。

② 根据《全国"十三五"易地扶贫搬迁规划》，"十三五"期间，西部 12 省（区、市）建档立卡搬迁人口将达 664 万人，占建档立卡搬迁人口总规模的 67.7%，同时计划同步搬迁约 423 万人。中华人民共和国国家发展和改革委员会网站，2016 年 9 月 20 日。

③ 庞汉：《加快广西扶贫生态移民对策研究》，《学术论坛》2014 年第 6 期。

取得了比较显著的效果。1993年，广西壮族自治区政府决定用7年时间搬迁安置石山地区贫困人口25万人。至1998年，广西全自治区共建立了200余个异地安置点，从22个石山贫困县移出贫困户20万人，从事农业综合开发。此后，移民扶贫的规模不断扩大。为了使数百万生活在缺水少地、交通不便、资源贫乏的大石山区的群众实现脱贫，自治区党委和政府积极探索，采取了生态扶贫治理、生态移民扶贫、生态保护区旅游开发扶贫、教育移民扶贫、金融扶贫等一系列扶贫模式，取得了显著成效。[①] 全区贫困人口由2010年的1021万人，减少到2011年的950万人、2012年的755万人、2013年的634万人、2014年的538万人、[②] 2015年的453.94万人。[③] 广大农村群众通过移民扶贫，从贫困的生活状态中解脱出来，逐步走上富裕小康的道路。

在广西壮族自治区所实施的移民扶贫项目中，环江毛南族自治县发挥了重要的作用。一方面，环江县境西部和北部乡镇属于大石山区、半石山区和高寒山区，土地瘠薄、日照期短、水源缺乏，不适于传统农业生产，全县农村表现出贫困面广、贫困程度深、贫困因素交叠、扶贫脱贫难度大的显著特征。另一方面，环江县域面积达到4572平方公里，位居广西前列。根据21世纪初期的调查，环江毛南族自治县未利用土地资源达80414.55公顷，其中荒

---

① 叶静：《广西石漠化地区贫困现状及扶贫模式研究综述》，《广西经济管理干部学院学报》2016年第4期。

② 韦元科、张志军：《2014年广西精准扶贫成效显著》，广西新闻网，2015年3月13日。

③ 《广西2015年精准识别贫困户分数线划定最新贫困人口数据确定》，央视网视频，http://tv.cntv.cn/video/C14074/981c6494718e3de08382b61d0a4e5c44。

草地面积占总量的 76.13%，是广西耕地资源最丰富、最集中的地区之一。大部分荒草地坡度较小，土壤改良难度不大；有数条河流和近 300 座水库工程分布其间，灌溉条件良好。加上优越的气候条件，适宜种植水稻、甘蔗、玉米、花生、大豆、甘薯、黄红麻等作物。[①] 所有这些为开展易地搬迁提供了基本条件。

早在 20 世纪 50 年代初期，环江县就开始了组织移民的尝试，动员山区群众到地势比较平缓和农耕条件较为优越的地方开垦定居。1952 年 9 月 18 日，县属第二区区长在给县人民政府的报告中说"我区有几个小乡是石山地区，田地稀少，人口众多，生产不够维持生活及生活很苦。今群众欲移民迁出，以便发展生产改善生活"，并要求意见如下：①请上级指定地点作移民地区（欲选出第三区）；②要求政府协助迁出（移民）群众先去参观地点分配划分居域；③协助与当地政府及群众接洽团结一致；④春耕时希望政府贷借粮、款（购买农具、耕牛、生产资料）。报告所附移民统计表中计划迁出移民 1230 人，包括毛南族和汉族。[②] 此事引起环江县的极大重视，编制了预算表向上级机关报批，并得到广西省民族事务委员会和宜山区专员公署的批复。1953 年 1 月 18 日，县人民政府下发毛难族移民计划及社会福利费预算表，计划迁移毛南

---

① 许联芳、杨春华、孔祥丽、罗俊：《西南喀斯特移民区土地整理模式及安全对策——以桂西北环江毛南族自治县为例》，《地域研究与开发》2005 年第 1 期。
② 《兹将本区群众欲迁出（移民）现计人数及要求意见由》，环江毛南族自治县档案馆藏，全宗号 2，案卷号 10。原文将毛南族和汉族分别写为毛难族、汗族。

族人口 1000 人至第三、四区。① 经过一年多的努力，共有 2008 名毛南族和壮族人从大石山区迁移到县内其他地区。② 这次由环江县人民政府组织动员的移民，尽管规模不大，却成为当地农民易地搬迁反贫困实践的开端，因而具有特别的意义。一直到 1958 年，环江县的易地搬迁工作都在持续推进。根据相关资料，1952~2002 年环江共有 78 个自然屯消失，其中在 1952~1958 年因搬迁而自然消失的自然屯就有 41 个。③

20 世纪 80 年代末之后的十年间，环江毛南族自治县迎来易地搬迁的大规模发展阶段。20 世纪 80 年代中期，中国开始了全面系统的农村扶贫工作，环江毛南族自治县在继承和创新的基础上，根据全县土地资源比较丰富的县情，将易地搬迁与扶贫开发结合起来，决定有计划、有组织地把石山地区的一部分贫困群众搬迁出来，安排到低丘地区进行农业综合开发。1989 年，位于县内洛阳镇的平原李果场正式创办，这是环江毛南族自治县实施异地安置工作的开局之作，也是广西第一个易地搬迁移民场。平原李果场采取县扶贫办和平原牧场联合创办方式，将山区贫困农民 134 户 204 人迁移至此，对国营平原牧场的荒坡进行承包开发。其间，环江又试办了其他 5 个移民试点场，

---

① 环江县人民政府：《送毛难族移民工作计划及社会福利费支出预算请核发希执行由》，环江县毛南族自治县档案馆藏，全宗号 2，案卷号 10。
② 环江毛南族自治县地方志编纂委员会编《环江毛南族自治县志》，广西人民出版社，2002，第 399 页。
③ 根据环江毛南族自治县地方志编纂委员会编《环江毛南族自治县志》(广西人民出版社 2002 年版) 第 86~88 页资料统计。

安置县内移民 427 户 2039 人。[①] 因其效果显著，河池地区（今河池市）决定将区内大石山区的贫困人口迁移到环江毛南族自治县，探索跨县易地搬迁扶贫开发的新路子，1993 年建立了大安林果场并安置都安瑶族自治县移民 400 户 2000 人。与此同时，河池地区领导向八届全国人民代表大会第一次会议提交了《关于要求国家对广西人均耕地只有 0.3 亩以下的贫困群众进行异地安置的议案》，引起中央政府的高度重视，决定由广西先行试验。考虑到河池是广西人均耕地 0.3 亩以下贫困人口的主要分布地区，环江又具备易地扶贫搬迁的经验和条件，最后选定环江作为试点。随之，各项相关政策陆续出台，环江毛南族自治县的易地扶贫搬迁工作快速发展，并以接收县外移民为主。[②] 截至 1997 年，共创办县外移民安置点 207 个，征用土地 32.098 万亩，安置都安、大化、东兰等县贫困移民 12575 户 59583 人。

21 世纪以后，环江毛南族自治县的易地搬迁进入了精准扶贫攻坚阶段。作为广西壮族自治区扶贫攻坚的重点和主战场的河池地区，在环江毛南族自治县大安乡进行"整乡推进"试点时，对可爱村实施了"整村搬迁"的"双土安置"模式（即有土安置和无土安置两种模式），进一步探索易地搬迁与扶贫开发相结合的路子。这种"双土安

① 中共环江毛南族自治县委员会党史研究室课题组：《环江毛南族自治县异地安置工作纪实》，载环江毛南族自治县社会科学界联合会《世产时代的环江发展优秀文集》，广西人民出版社，2016，第 318 页。
② 谭三川：《胸怀》，载中国人民政治协商会议广西壮族自治区委员会编《毛南族百年实录》，广西人民出版社，2013，第 53 页。

图 3-1　思恩镇晒谷岭瑶族移民新村小学教学楼

置"模式在其后的精准扶贫精准脱贫工作中推广，使环江毛南族自治县的易地搬迁在形式和内容上不断创新。为使更多的人走出大山、摆脱贫困，环江毛南族自治县制定了"十三五"期间移民搬迁总体规划，计划投资28亿元，全面实施易地扶贫搬迁安居工程，涉及建档立卡贫困人口44693人，搬迁率占全县贫困户的53%。其中，2016~2017年计划搬迁建档立卡贫困人口24195人（含2014~2015年已搬迁贫困人口），占全县精准识别贫困人口6.6647万人的36.30%。

　　除了政府组织安置的易地搬迁，部分山区农民也自主移民。例如，陈双畜牧场原是国营农场，改革开放以后农场解散，全场4800亩土地几乎撂荒。上南乡24户农民于20世纪70年代末开始陆续到此承包了场内1800亩土地，每年给畜牧场缴纳一定数额的租金。除此之外，环江毛南族自治县也有一些水库移民。从2003年开始，环江县境先后兴建或改建了下桥、宝坛、江色、干捞等水电站，库区移民涉及全县9个乡（镇）35个行政村96个自然屯，人口1.5万余人。为此，成立了县移民局，具体负责组织、协调各电站业主配合地方政府做好库区群众的搬迁安置工作。库区移民主要采取建设3个移民新村及就地后靠的方式进行安置。这些库区大多地理位置偏僻、交通困难、缺水少地，因此经济社会发展缓慢，群众生活普遍困难，具有扶贫移民的共同特征，可视为易地扶贫搬迁的一个类型。

总之，环江毛南族自治县的易地搬迁具有起步较早、总体规模较大、形式多样、效果显著的特点。其中，又以政府组织动员的移民开发工作成绩最为突出。据统计，从1993年开始大规模易地搬迁以来，截至2016年，环江毛南族自治县共征用土地38.398万亩，设置移民安置点303个，分布在8个乡镇的50个行政村，安置县内外移民共2.054万户9.3858万人，占全县总人口37.8万人的24.83%。加上自主移民，易地搬迁农户所占全县总人口比重更大。由此，环江毛南族自治县成为广西最大的易地扶贫搬迁县，其移民现象在全国引人注目。

二　移民搬迁的进程与未来规划

毛南族聚居区属典型的大石山区，大部分村屯群众分散居住在边远山区，受历史、地理和自然条件等诸多因素制约，山区村大多交通不畅、信息闭塞，农民增收困难，抵御自然灾害的能力十分脆弱。因此，清及民国时期毛南族就有向县内其他地区乃至外县迁移的现象。根据族谱和传说，今环江毛南族自治县思恩镇、川山镇、长美乡、水源镇、洛阳镇、大安乡，河池市都安县、天峨县、金城江区、东兰县、巴马县、宜州市，以及贵州省荔波县，都有从"毛南三乡"迁徙而来的毛南族人口分布，经过长期的民族交往与融合，这些从"毛南三乡"迁移出去的毛南族人口，部分已经改划壮族或其他民族成分。

新中国成立后，"毛南三乡"成为最早开展易地搬迁的地区。1952 年环江县第二区（今水源镇）提出迁移1230 人的计划中，包括毛南族和汉族。[①] 在各级政府及相关部门的支持下，经过一年多的努力，共有 2008 名毛南族和壮族人口从大石山区迁移到县内其他地区。[②] 虽然没有直接的材料说明景阳村民参与了此次迁移，但根据 1955年的调查，当时景阳希望移民的群众有 69 户 351 人，几乎占总人口的一半。[③]

20 世纪 80 年代末以后，以平原扶贫李果场的创办为开端，环江毛南族自治县逐步摸索出一条将易地搬迁与扶贫开发结合起来的创新模式。平原扶贫李果场安置的人员

----

① 《兹将本区群众欲迁出（移民）现统计人数及要求意见由》，环江毛南族自治县档案馆藏，全宗号 2，案卷号 10。原文将毛南族和汉族分别写为毛难族、汗族。

② 环江县人民政府：《送毛难族移民工作计划及社会福利费支出预算请核发希执行由》，环江县毛南族自治县档案馆藏，全宗号 2，案卷号 10。新中国成立初期，随着民族识别工作的开展，环江的一些汉族人口被确认为壮族或毛南族。

③ 《环江县第四区乡农友迁移查核表》，1955 年，环江毛南族自治县下南乡政府档案室藏，无宗号。

以"毛南三乡"的毛南族群众为主，先后移民 179 户 765
人，分别来自下南乡的玉环、下塘、才门、景阳、希远等
5 个村和上南乡的上南、各旦 2 个村。由于平原李果场的
实施效果非常显著，其后数年环江毛南族自治县又接连创
办了一系列的异地安置移民场。截至 2010 年 3 月，全县
共创办 35 个移民场 77 个居民点，安置县内移民 1651 户
7726 人。其中，以毛南族为主的移民场有 22 个，共安置
毛南族群众 1143 户 4965 人。

　　环江毛南族自治县的异地扶贫安置工作在实施过程
中，由于政策前后不同，先后形成了两种不同性质的安置
形式。第一阶段为 1989~1999 年，主要实行以政府动员为
主、群众自愿为辅的安置形式，其安置规划、安置地点、
安置规模和安置经费都由政府统一安排和负责，由县扶贫
办具体组织实施。这一阶段"毛南三乡"异地安置户数和
人数分别为 785 户、3529 人。1999 年后，环江毛南族自
治县的易地扶贫开发工作暂告一段落。

　　除了政府组织安置的易地搬迁，毛南族群众亦成为县
内自主移民的主力。早在 20 世纪 70 年代末，上南乡 24
户农民就陆续迁移到思恩镇陈双村，承包国营陈双畜牧
场的 1800 亩土地，每年给畜牧场缴纳一定数额的租金。
1989 年政府开始组织异地扶贫安置以后，山区群众希望迁
移的愿望越来越强烈，便纷纷通过亲友介绍等方式自主移
民。2003 年，下南乡的下塘、才门、古周等村共 460 户
1000 余人移至东贵、东发、东旺等八个移民点，这是全乡
第一次群众自发性大规模搬迁。

针对山区群众易地搬迁的要求和摆脱贫困的愿望，环江毛南族自治县从 2006 年开始实施群众自发为主、政府引导为辅的易地安置方式。安置地点、安置规模由自愿迁移的群众自选，政府在迁出地群众及迁入地群众之间充当中介，安置经费（土地购买、住房建设、道路修筑等）由迁出群众自行筹备，政府按照人头给予一定数额的补助。这一安置形式主要在下南乡内实施，迁出群众为本乡大石山区群众，迁入地主要为本乡政府驻地附近的平原地区。据不完全统计，2005~2013 年，下南乡大石山区贫困群众自发组织，开展下山脱贫活动，先后形成易地搬迁安置点 21 个，安置山区群众 435 户 2086 人。另据下南乡政府统计，1999~2016 年 3 月下南乡山区贫困户因生活条件恶劣而自主移民立屯达 31 个，共有 527 户 2190 人易地搬迁，购得转让承包耕地 1017 亩。其中，迁出群众与迁入地群众签订土地流转合同，落实宅基地和耕地，乡党委、政府向上级部门争取"三通一平"和建房补助资金，建成的移民安置点有 24 个。

地处大石山区的景阳村民，积极参与了各个阶段的易地搬迁活动。尤其是 20 世纪 90 年代以后，景阳村成为下南乡唯一没有实现"三通"的行政村，群众要求易地搬迁的心情更加迫切。表 3-1、表 3-2 为 1989~2010 年下南乡及景阳村易地搬迁情况的不完全统计。

表3-1 下南乡及景阳村易地搬迁情况（1989~2010年）

单位：亩、人

项目 时间	移民场 场名	移民场 总面积	迁入地	其中：毛南族移民迁出地	其中：景阳村屯名	总户数	总人数
1989	平原扶贫李果场	2000	洛阳镇	下南乡及上南乡7个行政村	峒雅、下任、上靠、峒平、峒任、巴芽	景阳、峒平、峒任、巴芽	179	765
1993	龙泉场	1600	明伦镇柳平村	下南乡6个行政村	无具体屯名统计	20	86
1996	青福场	3700	思恩镇三乐村	上南、下南、木论三个乡37个屯	峒扬、要向、峒雅	88	317
1997	久乐场	1500	思恩镇中山村	峒雅、拉样、上靠、峒波、任、峒培、巴芽	47	163
1998	青发场	2200	思恩镇陈双村	下南乡4个行政村	要向、必京、巴芽、峒雅	33	62
1998	平川场	787	川山镇古宾村	下南乡4个行政村	无具体屯名统计	51	249
2009	七安场	70	下南乡	下南乡2个行政村	无具体屯名	18	95
2009	建新场	70	下南乡	下南乡3个行政村	无具体屯名	21	103
2010	松发、东升、东六一、东六二	—	下南乡波川等村	下南乡波川、堂八、玉环、古周、下塘、希远、景阳等村偏远队屯	无具体屯名	87	431

资料来源：毛南族志编纂委员会编著《毛南族志》，广西人民出版社，2015，第126~148页；下南乡人民政府和景阳村村委会提供数据。

表 3-2　2009~2010 年景阳村易地搬迁统计

场名	迁入地	迁出地	户数	人数	建场年份
建新场	下南社区	才门、景阳	21	103	2009
七安场	下南社区	景阳、希远	18	95	2009
东六场一组	波川村	下塘、景阳	22	125	2010
东升场	波川村	下塘、景阳	27	137	2010

资料来源：毛南族志编纂委员会编著《毛南族志》，广西人民出版社，2015，第120 页。

根据课题组的访谈结果，20 世纪 80 年代末 90 年代中期，景阳村易地搬迁到洛阳镇平原扶贫李果场的村民有十几户，到明伦镇龙泉场的村民有 8 户，到思恩镇肯福场的村民有六七户。之后易地搬迁的村民越来越多，分布在全县各乡镇的十几个移民开发场。景阳村党支部书记告诉我们，景阳村原来有七百左右居民，截至 2016 年底，全村户籍人口已经不足 300 人。十余年来，通过易地搬迁迁移出去的人口在 350 人左右。其中，迁往下南乡 10 个移民场（点）的有 170 余人，迁往县内其他乡镇移民场（点）的亦为 170 余人。不过，部分移民的户口仍然留在村里。例如，景阳村现任村妇女主任兄弟姐妹四人，哥哥十几年前就易地搬迁至下南社区东富移民点，属于自主移民，户口仍然留在景阳村，在移民点种植几分田和几分地，近两年回到老家搞林下养殖。弟弟八九年前也搬迁到了下南乡东发移民点，从事种植业，户口已经迁移到移民点。

景阳村第一次较大规模的易地搬迁发生在 2005 年。2002 年，位于龙江上游打狗河段的下桥水电站进行扩建（始建于 1975 年，1984 年正式发电），库区将淹没环江毛南族自治县下南乡、木论乡（现划归川山镇）4个行政村5个村民小组268人，其中搬迁安置人口229人，生产安置人口39人。景阳村拉样屯37户100余人在搬迁安置之列。从2003年3月起，环江毛南族自治县水库移民局组织力量深入库区开展搬迁安置动员工作，2005年2月将移民全部搬迁到新安置点安家落户。移民安置点位于思恩镇陈双村，距离县城6公里，被命名为高龙新村和龙江新村，总投资2600多万元，移民户均住房面积达160平方米，水、电、路等配套设施齐全。景阳村拉样屯移民集中安置在高龙新村。移民搬迁安置后的主导产业是甘蔗、水稻、桑蚕等。2005年搬迁后实现了"当年临时搬迁、当年分配土地、当年种田种地、当年增加收入"的目标。①

图3-2　下桥水库移民安置点高龙新村

① 中共环江毛南族自治县委员会党史研究室课题组：《环江毛南族自治县异地安置工作纪实》，载环江毛南族自治县社会科学界联合会编《世产时代的环江发展优秀文集》，广西人民出版社，2016，第320~321页。

景阳村自主移民的家庭并非个别现象，其中一些群众未获得政府资助（见表3-3）。下桥电站扩建后，水库将景阳村的35户人家隔在了河对岸，几乎无法联系。后来这些村民大多也陆续自主移民到洛阳镇和思恩镇等地，截至2016年底只有10户村民留在原地。

表3-3　景阳村村民自主移民（未获政府资助）情况统计

迁出农户编号	迁出屯	迁入地	迁出时间
1	巴芽屯	本县川山镇木论村	1996年10月20日
2	巴芽屯	本县川山镇木论村	1996年10月20日
3	必京屯	本县川山镇古宾村	2001年12月6日
4	要向屯	下南乡政府所在地八圩	2003年6月15日
5	洞诣屯	河池市金城江区	2005年11月20日
6	上脑屯	本县思恩镇凯丰商贸区	2006年12月6日
7	巴芽屯	本县思恩镇城南社区	2011年6月20日
8	洞任屯	广东阳江市江城区	2013年6月12日

资料来源：下南乡人民政府办公室提供。

图3-3　下南社区景阳村民自主移民点

2013 年底，中国开始在全国范围内全面实施精准扶贫精准脱贫方略。2014 年，下南乡成为环江毛南族自治县第二个"整乡推进"试点。结合精准扶贫和整乡推进的实施，毛南族聚居区的脱贫攻坚进入新的重要阶段。由于大部分山区群众仍然生活在基础设施建设不健全的深山峒场里面，信息闭塞、生活缺水、出行困难、就学就医不便、经济发展渠道少，群众脱贫致富困难很大，扶贫开发难度大，投入成本高。因此，易地搬迁依然成为扶贫脱贫的主要途径。根据 2013 年河池市环江县扶贫生态移民区域人口搬迁需求情况调查结果，下南乡涉及 11 个行政村 175 个自然屯，搬迁区涉及 489 户 1715 人，其中贫困人口 1502 人，人均纯收入 2681 元，人均耕地 2 亩，人均粮食占有 360 公斤，建卡困难户 457 户，危房农户 402 户，符合搬迁条件人口 1715 人，有意愿搬迁人口 1715 人。继续实施扶贫生态移民搬迁，不仅有助于农户摆脱贫困走上致富道路，而且是城镇化建设的需要，可以使部分农户从依赖土地生存的生活方式中解脱出来，减轻农民劳动强度，提高群众生活质量，从而加快同步进入小康社会进程。2015 年 1 月，中共下南乡党委、下南乡人民政府印发《下南乡开发扶贫工作方案》，决定以产业扶贫、教育培训扶贫、生态移民扶贫和整村推进扶贫为重点，推动全乡新一轮扶贫攻坚工作的开展，力争全乡农村贫困人口减少 15% 以上，使全乡 7 个"整村推进"贫困村农民年人均纯收入增幅高于当地平均水平。为此，计划搬迁安置 630 户 2200 人。

2015 年 11 月，下南乡人民政府制定《环江毛南族自治县 2015 年下南乡扶贫生态移民工程实施方案》，决定在距离下南乡人民政府所在地 200 米的环乡公路附近，建设开发扶贫生态移民工程。该工程占地面积近 93 亩，设置四大功能区，其中包括通乡公路及车站、民族文化广场、农贸市场、生态移民小区及失地农民安置房建设。规划设计以农贸市场为中心，向东发展商铺组团，建设民俗风情一条街、美食街；向南设置移民安置房；西面为主要出入口，拟建成顶卡花入口广场；向北建设汽车站；营造一个集宜居、商贸、旅游于一体的下南新区，命名为"扶贫生态移民民族新村"。该工程总用地面积为 61837.17 平方米（约 92.76 亩），规划投资 6578.5 万元。集镇（街上）安置点一期工程安置 301 户 1045 人，二期工程安置 300 户1100 人；集镇周边安置点安置 99 户 410 人。按照"农户自筹，上级补助，部门整合，业主融资，市场运作"的思路进行资金筹措。

下南乡扶贫生态移民工程的搬迁对象为符合以下条件之一且自愿搬迁的农村家庭人口：①符合国家易地扶贫搬迁政策的；②居住在石山区、深山区、交通不便且生产生活困难的；③居住在地质灾害严重或地质灾害频发地区的；④居住在生态保护区、生态脆弱区、生态修复区的；⑤居住在 10 户以下的自然村屯内，户与户之间居住分散、联系不便、路水电基础设施落后、适宜整村（屯）搬迁的。重点是乡内偏、远、山、穷的大石山区的农村贫困人口，搬迁的具体对象以调查造册、经签字同意后列入本年扶贫生态移民实施方案的农户为准。凡符合条件、自愿报名的农户，根据计划表安排的户数、人数严格按照审批程序确定安置对象，公示公告无异议后上报确认。

可以说，随着下南乡扶贫生态移民工程的实施，该乡山区群众迎来了最大规模的易地搬迁机会。由于对易地搬迁的认知不断加深，愿望越来越强烈，且移民点集中安置在乡政府附近，离故土不是特别远，社会关系易于维持，加之政策补贴力度大，下南乡的山区群众纷纷报名参加移民搬迁。同时，下南乡还将近年自发购置土地但还未建好住房且符合政策移民的群众纳入扶贫移民搬迁的范畴。除此之外，环江毛南族在距离县城 4 公里的思恩镇黄烟村建设"毛南家园"，对山区贫困农户进行"无土安置"，下南乡部分符合条件的群众报名参加了该项目。景阳村民计划参与扶贫移民搬迁情况统计可参见表 3-4。

从表 3-4 可以看出，景阳村参与"十三五"扶贫移民搬迁计划的农户达到 79 户 223 人，占全村户籍人口 105 户 297 人的 75.08%。这些村民中，有一部分已经自发或以其他方式，在条件较好的村庄购置土地建造了住房。通过认定，全村第一批符合条件纳入"十三五"扶贫移民搬迁计划的共 30 户 108 人。其中，安置到县城"毛南家园"的有 4 户 17 人，安置在下南乡的有 26 户 91 人，包括民族新村 1 户 4 人，东鑫 2 户 8 人，东利 1 户 4 人，东良 22 户 78 人。其后增加到 36 户 112 人。①

---

① 《环江毛南族自治县下南乡扶贫移民搬迁"十三五"计划表》，2018 年 4 月 5 日。

表3-4 景阳村"十三五"扶贫移民搬迁计划

屯名	总户数(户)	总人口(人)	计划搬迁户数、人数 76分~69分(户)	(人)	68分以下(户)	(人)	同步搬迁非贫困户(户)	(人)	其中:计划整屯搬迁 76分~69分(户)	(人)	68分以下(户)	(人)	同步搬迁非贫困户(户)	(人)	计划安置地点 县城(户)	(人)	乡镇政府所在地(户)	(人)	计划安置方式 有土安置(户)	(人)	(户)	(人)	备注
洞平	2	4			2	4																	
洞庄	10	28	3	7	7	21											4	12	3	11	1	1	
洞渭	2	7	1	3	1	4											1	4	1	4			
洞坡	3	7	1	4	2	3											1	2	1	2			
必京	10	30	5	14	5	16									2	5	4	14	3	10	3	9	
上脑	8	17	1	4	7	13											4	12	4	12			
要向	5	18	3	13	2	5											1	4	1	4			
洞阳	21	64	2	8	11	35									1	4	3	12	3	12	1	4	

续表

屯名	总户数	总人口	同步搬迁非贫困户 76—69分 户	人	68分以下 户	人	整屯搬迁 76—69分 户	人	整屯搬迁 68分以下 户	人	整屯搬迁 同步搬迁非贫困户 户	人	县城 户	人	乡镇政府所在地 户	人	有土安置 户	人	备注 户	人	备注
上忙	3	6			3	6									1	4	1	4			
松园	6	18	2	7	4	11									2	6	2	6			
巴芽	6	14			6	14							3	8	1	4	1	4	3	8	另有一户投亲靠友到原平场安置（另有户建同一户投亲靠友到平原场安置）
洞雅	2	9			2	9			2	9			1	3	1	6	1	6	1	3	
上告	1	1			1	1							1	1			1	1	1	1	
合计	79	223	18	60	53	142							8	21	23	80	21	75	10	26	

表 3-5 下南乡"十三五"扶贫移民搬迁景阳村贫困户统计

单位：人，分

所在屯名	农户编号	家庭人口	识别评议得分	备注
上脑屯	1	4	69	东良点
	2	4	63	东良点
	3	2	67	东良点
	4	2	43	东良点
	5	2	54	东良点
必京屯	6	4	52	东良点
	7	3	75	东良点
	8	3	45	东良点
	9	3	70	东良点
	10	4	69	乡内自建新增
	11	1	46	县城套房
	12	4	67	县城套房
洞坡屯	13	2	32	东良点
洞阳屯	14	5	50	东良点
	15	2	43	东良点
	16	3	49	东良点
	17	5	61	东良点
	18	4	63	县城套房
	19	4	68	县城套房
上忙屯	20	4	52	东良点
洞任屯	21	4	65	东良点
	22	3	51	东良点
	23	4	65	东良点
	24	1	65	乡内自建新增
松园屯	25	4	56	东良点
	26	2	43	东良点
洞诣屯	27	4	56	东良点
洞雅屯	28	3	59	东良点
	29	6	38	东良点
巴芽屯	30	4	58	东良点
	31	1	57	县城套房
	32	3	56	县城套房
	33	1	30	乡内自建新增
	34	2	43	乡内自建新增
要向屯	35	4	42	乡内自建新增
上告屯	36	1	56	县城自建房
合计	36	112		

近年来，景阳村民最大规模的自主移民点为东良移民点。东良位于下南乡政府附近波川村，2014年下南乡44户山区群众与波川村协商购买荒坡，用于建造移民点，其中26户为景阳村民，其中有24户贫困户（见表3-6）。由于地权问题，至2016年才有几户开始建造住房。当年，下南乡人民政府决定结合精准扶贫及整乡推进工作，将符合条件的村民纳入政策安置范畴，包括东良移民点在内的自主移民贫困户因此获得资助和补贴。于是，东良移民点的建设进程加快，各户或贷款或借钱盖房修路。截至2017年9月，东良移民点的"三通一平"仍在进行中，大部分移民的住房还没有盖好。

表3-6 下南乡波川村东良有土安置移民点贫困户统计

单位：人，分

农户序号	所在村屯	家庭人口	识别评议得分
1	下南乡景阳村上脑屯	4	69
2	下南乡景阳村上脑屯	4	63
3	下南乡景阳村上脑屯	2	67
4	下南乡景阳村上脑屯	2	43
5	下南乡景阳村上脑屯	2	54
6	下南乡景阳村上脑屯	4	52
7	下南乡景阳村必京屯	3	75
8	下南乡景阳村必京屯	3	45
9	下南乡景阳村必京屯	3	70
10	下南乡景阳村洞坡屯	2	32
11	下南乡景阳村洞阳屯	5	50
12	下南乡景阳村洞阳屯	2	43
13	下南乡景阳村洞阳屯	3	49
14	下南乡景阳村洞阳屯	5	61
15	下南乡景阳村上忙屯	4	52
16	下南乡景阳村洞任屯	4	65

农户序号	所在村屯	家庭人口	识别评议得分
17	下南乡景阳村洞任屯	3	51
18	下南乡景阳村洞任屯	4	65
19	下南乡景阳村松园屯	4	56
20	下南乡景阳村松园屯	2	43
21	下南乡景阳村洞诣屯	4	56
22	下南乡景阳村洞雅屯	3	59
23	下南乡景阳村洞雅屯	6	38
24	下南乡景阳村巴芽屯	4	58
合计24户		82	

根据60份农户问卷的统计，可以了解景阳村易地搬迁计划的一般情况（见表3-7至表3-11）。

从表3-7可以看出，受访户易地搬迁以扶贫搬迁和生态扶贫搬迁为主，占比达51.7%。考虑到景阳村近年自主移民规模扩大，不排除对这一问题没有回答的受访户中包括自主移民的情况。

表3-7 景阳村受访户易地搬迁类型

单位：户，%

类型	频率	有效百分比
空白	26	43.3
一般扶贫	16	26.7
生态扶贫搬迁	15	25.0
说不清	2	3.3
自购	1	1.7
合计	60	100.0

从表3-8可以看出，回答这一问题的受访户大多数已经搬迁到新址居住，仍然居住在旧房的受访户，包括东良安置点的移民，其住房还没有建造完成；可能也包括少量没有计划易地搬迁的村民。

表3-8 景阳村受访户现居住地

单位：户，%

类型	频率	有效百分比
空白	26	43.3
搬迁前住址	12	20.0
搬迁后住址	22	36.7
合计	60	100.0

从表3-9可以看出，在受访户的安置方式中，集中安置的比例为40.0%，这部分应该以迁移到东良安置点的村民为主；安置方式为分散安置的比例为16.7%。没有回答这一问题的受访户中，亦有可能包括自主移民到东良等安置点的村民。

表3-9 景阳村受访户安置方式

单位：户，%

类型	频率	有效百分比
空白	26	43.3
集中安置	24	40.0
分散安置	10	16.7
合计	60	100.0

从表 3-10 可以看出，受访户安置类型为自建房的比例为 55.0%；安置类型为购买商品房的比例为 1.7%，应为安置到县城附近"毛南家园"的 1 户村民。

表 3-10 景阳村受访户安置类型

单位：户，%

类型	频率	有效百分比
空白	26	43.3
自建房	33	55.0
购买商品房	1	1.7
合计	60	100.0

从表 3-11 可以看出，受访户安置地点在村外乡镇的比例为 48.3%，安置地点在行政村内的比例为 8.3%，这点比较令人费解。因为景阳村易地搬迁均在村外。推测回答这一问题的受访户或是理解问题有误，或是没有易地搬迁，而是进行了危房改造。

表 3-11 景阳村受访户安置地点

单位：户，%

类型	频率	有效百分比
空白	26	43.3
行政村内	5	8.3
村外乡镇	29	48.3
合计	60	100.0

对于景阳村内的危房户以及早期搬迁在安置点的危房户，政府及时进行了危房改造。其中，2016 年列入危房改造计划的共 7 户，每户补助 1.8 万元，此外民政部门补助 1.2 万元 / 户（见表 3-12）。

表 3-12　景阳村 2016 年危房改造户名单

农户编号	屯别	建设地点	备注
1	洞阳	洞阳屯	
2	上脑	上脑屯	
3	上脑	上脑屯	
4	巴芽	平原李果场大连分场	2017 年 2 月 4 日去世
5	巴芽	川山镇下久村九龙屯	2017 年 2 月 2 日去世
6	巴芽	思恩镇陈双畜牧场	
7	必京	下南波川村东良移民场	

据景阳村两委干部介绍，截至 2017 年 9 月村里只有20 户不打算移民搬迁，占全村户籍人口的 19.04%，他们在村里的房子已经进行了危房改造。这些村民多为单身汉、五保户，主要原因是没有资金，且单身一人只可享受25 平方米的政策补贴，面积无法建造新房。

图 3-4　2016 年景阳村上脑屯两户贫困户的危房改造现场

总之，通过易地搬迁的实施，景阳村农户绝大部分已经或计划移民到村外乡镇居住。如果没有其他任何措施，或许在未来的几年中，这个群山环绕中的毛南族小山村将会变得寂静无声。

第三节　易地搬迁的经验、措施和成效

一　易地搬迁经验

20 世纪 80 年代以来，毛南族聚居区以扶贫为目的的易地搬迁已经进行了 30 年。如果从 20 世纪 50 年代初期算起，其历史长达 60 余年。在异常艰辛而又成效显著的漫长过程中，它经历了其他地区普遍遇到的困难和挫折，亦在不断的探索中取得了积极进展，为中国的易地扶贫搬迁提供了值得借鉴的经验。

1. 农民自愿迁移——开展易地搬迁的首要条件

搬迁距离合适，是移民"住得稳"的重要基础。中国的农耕社会十分重视安居乐业，正如《汉书·元帝纪》所言："安土重迁，黎民之性；骨肉相附，人情所愿也。"[1] 如果没有发生战争、特大灾害或其他动乱，人们极少主动迁移，除非一方水土无法养活一方人了。环江毛南族聚居的大石山区便是如此，20 世纪 50 年代之初当地农民就提出了迁移的要求。根据 1955 年的调查，当时景阳希望移民的群众有 69 户 351 人，几乎占总人口的一半。在随后的各个时期中，也不断有贫困地区农民期望迁到其他地区居住，甚至自主移民。当然，易地搬迁进程中并非所有移民一开始就是自觉自愿的，需要政府进行深

———————

[1]　［东汉］班固：《汉书》，中华书局，1962，第 292 页。

入细致的宣传和动员，并允许来去自由，保留其在原籍的房屋和土地。随着易地搬迁的持续进行，自愿移民的农户越来越多。根据 2013 年的调查，环江毛南族自治县生态移民区域符合搬迁条件的人口为 97272 人，其中有意愿搬迁的人口为 55382 人，他们已经被纳入"十三五"易地扶贫搬迁规划中。

例如，1988~1996 年下南乡共有 220 户 738 人参加易地搬迁，但有一部分人担心政策不稳定、贷款还不上、与周边群众不能融洽相处等，不久就把所分得的田地连同茅草屋宅基地一起，转让给自主移民了。随着移民生产生活条件的不断改善，主动要求搬迁的群众越来越多，甚至在 2003~2005 年形成自主移民热潮。截至 2012 年，该乡自主移民到乡政府附近社区和村委会定居的共有 363 户 1326 人，共购得转让承包地 560.4 亩。县政府按照户人均 5000 元标准，资助自主移民建房及通水、通电、通路和场地平整建设。[①] 另据统计，1999~2016 年下南乡共有 527 户 2190 人自主移民搬迁，购得转让承包耕地 1017 亩。其中，迁出群众与迁入地群众签订土地流转合同，落实宅基地和耕地，乡党委、政府向上级部门争取"三通一平"和建房补助资金，建成的移民安置点有 24 个。随着精准扶贫精准脱贫工作的开展，下南乡的山区群众纷纷意识到这是易地搬迁的良机，无论是否建档立卡户都希望能纳入"十三五"扶贫移民的规划中。上述景阳村的情况就特别典型，虽然近年

---

① 谭建明：《毛南山乡移民工作》，载中国人民政治协商会议广西壮族自治区委员会编《毛南族百年实录》，广西人民出版社，2013，第 102~104 页。

来村庄的基础设施和基本公共服务建设有了很大进展，但是要进一步改善和发展确实困难，因此村民依然将走出大山作为摆脱贫困的主要途径，并计划于 2018 年全部完成搬迁，只有少数贫困户不愿意或无条件搬迁而留在村中。

2. 坚持党和政府主导及提供政策保障，是易地搬迁得以实施的关键因素

易地搬迁所涉及的土地征用、场地规划、组织动员、物资配备、基础设施建设等，移民对象来自贫困地区，缺乏必要的条件和能力，没有党和政府的组织领导难以完成。1952 年环江县动员组织易地搬迁时，就做了大量的工作，按批复标准每人补助伙食 270 斤（每斤米折 1000 元计）、搬运费 30 斤、衣服费 1 套（折发人民币 8 万元），总预算共计 38000 万元。① 县政府还于 1953 年 1 月 9 日拟定了《毛难族移民计划》，内容包括：成立移民参观委员会、移民委员会、移民欢迎委员会，在交通沿线设立移民路宿站及茶水饭粥供应站；县民政科指定专人掌理移民一切问题，并派兄弟民族工作组干部下乡宣传政策，组织移民和迁民分别学习，使迁民认识移民发展生产和搞好民族团结的意义。该计划要求各方努力协作，做好确定移民驻地耕地、分配移民住所、登记编排户籍、动员群众欢迎、搞好民族团结、成立生产互助小组、订立生产计划等一系列工作。②

20 世纪 80 年代末至 90 年代末的易地搬迁进程中，土

----

① 环江县人民政府：《送毛难族移民工作计划及社会福利费支出预算请核发希执行由》，环江县毛南族自治县档案馆藏，全宗号 2，案卷号 10。
② 环江县人民政府：《毛难族移民计划》，环江县毛南族自治县档案馆藏，全宗号 2，案卷号 10。

地征用是重点和难点。虽然这些土地是荒草地，但是被征地农民思想抵触很大，特别是移民中大部分来自县外，许多人都想不通。当时分管扶贫工作的环江县领导回忆说："为了让群众把土地让出来，环江毛南族自治县县委、县政府多次召开了动员会。县领导干部从政策规定、土地开发利用、移民没有土地无法在自己家乡生存等角度去做群众工作，甚至组织群众代表到都安去考察贫困移民的生存状况。"[①] 通过艰苦的思想工作，当地农民才逐渐转变思想，开始愿意配合征地工作。为确保移民能有一个较为稳定和谐的生产、生活环境，并避免今后的纠纷，每个移民安置场（点）征用的土地和山林，都必须与周边农村的土地山林界线分明，并按规定办理土地权属证书、制作有山林土地权属勘界图，与周边相邻群众签订双边协议，制定村规民约。

政策保障的一个重点是提供必要的资金支持。从土地征用、房屋建造、基础设施建设、生产生活安置、技能培训，到医疗卫生教育等基本公共服务，都需要大量的资金做保障。这些资金的来源，除国家扶贫资金、地方财政配套资金外，往往还包括国家专项资金、其他地区帮扶资金、各种贷款和社会援助等。据1993~2006年的统计，环江毛南族自治县为各移民点盖砖瓦房28058间、钢混农贸市场5100平方米；建人畜饮水工程407处、水池407个（容量16280立方米）、引水主管610公里；修建水利管道36公里、小山塘小水库50座、地（田）头水

---

① 谭三川：《胸怀》，载中国人民政治协商会议广西壮族自治区委员会编《毛南族百年实录》，广西人民出版社，2013，第53页。

柜 2785 座（容积 111200 立方米）、沼气池 8600 座；所有移民居住点都架设了输电线路，解决了移民的生产生活用电；修建修筑村屯公路 283 条，总长 428 公里；修盖新教学点 63 个、校舍 10200 平方米，所有移民安置场都建了小学。在环江毛南族自治县"十三五"移民搬迁总体规划中，计划投资 28 亿元，全面实施易地扶贫搬迁安居工程。

3. 坚持易地搬迁与扶贫开发相结合，努力探索科学合理的可持续发展机制，是易地搬迁取得成效的重要保证

1988 年开始，环江毛南族自治县将扶贫工作重点放在增强贫困移民自我发展意识、提高自我致富能力上，对易地搬迁机制进行了探索和创新，并打造了肯福模式、可爱村模式和毛南家园模式，在区内外产生了较大影响。肯福模式的突出特点是以科技为支撑，在中国科学院等单位的支持下，以"科技单位＋公司＋基地＋农户"的股份制企业化科技扶贫创新机制进行管理，设计了促进示范区资源合理利用、经济持续健康发展的水果、甘蔗、畜禽、蔬菜四大支柱产业，提供了产业地域布局、产业开发步骤和主要措施。[①] 可爱村模式的突出特点是整村搬迁和"双土安置"，有土安置是建立可爱移民新村，使其逐步向规模化产业、特色化产业、合作化产业、旅游化产业转化；无土安置是对有创业能力的贫困农户予以资金补助购买经济适用房，并给他们进行技能培训，使其

---

① 曾馥平、张浩、段瑞：《重大需求促创新　协同发展解贫困——广西壮族自治区环江县扶贫工作的实践与思考》，《中国科学院院刊》2016 年第 3 期。

能够就近实现就业。毛南家园模式的突出特点是农民进城定居，安置区内规划有学校、医院、超市、农贸市场、公园、广场等各种公共服务设施。这是环江县最大的易地扶贫搬迁无土安置项目，也是广西壮族自治区扶贫生态移民示范专案。该项目的最大特点是依托工业园区和产业园区，力图依靠产业、商业、企业和务工来解决就业和后续家庭的生计问题，使搬迁农户能够在安置区附近谋求到相应的工作岗位，实现就业，最终摆脱贫困并获得发展。

4. 创新社会治理机制，加强民族团结教育，是构建多民族共居和谐社会的必要举措

环江毛南族自治县易地扶贫搬迁的对象，主要是来自县内外山区的毛南族、瑶族、苗族、壮族和水族。他们迁移到移民点后，与周围的壮族、汉族和毛南族杂居。为此，相关部门采取了多种举措努力构建多民族共居的和谐社会。首先，强化移民场点的管理体制建设。1993 年，成立县异地安置扶贫开发领导小组，委托县经济开发办对全县异地安置各移民场进行统一领导和管理。特别是对于县外移民场，十分重视迁入地和迁出地干群关系与结构，以保证村支部和村委会更具有代表性、有利于开展工作。其次，大力开展民族团结进步宣传教育。环江县 20 世纪 50 年代初开创的易地搬迁中，就十分重视民族团结工作。县政府编写了迁民集中学习的提纲。[1]20 世纪 90 年代以来，民族团

---

[1] 环江县人民政府：《送毛难族移民工作计划及社会福利费支出预算请核发希执行由》，环江县毛南族自治县档案馆藏，全宗号 2，案卷号 10。

结进步活动进一步加强。其中，陈双村毛苗瑶民族团结进步示范园建设成效卓著，居住在这里的各族移民与原居村民，团结友爱、关系融洽。在毛苗瑶片区党群联席理事会的带领下，移民新村群众组织开展联建共创活动，连续多年来无矛盾纠纷事件发生，2013年被授予"自治区民族团结进步模范集体"称号。

二 易地搬迁措施

通过《环江毛南族自治县2015年下南乡扶贫生态移民工程实施方案》（下称《方案》），可以对新时期环江毛南族自治县易地搬迁工作的主要机制和措施有所了解。21世纪以来，环江毛南族自治县在总结过去经验的基础上，加大了移民扶贫的力度。依照国家的扶贫政策，环江县在对贫困户进行精准识别的基础上，根据贫困来源的不同，对不同的贫困地区和贫困家庭实施了不同的扶贫政策，其中很重要的一条就是"对居住在生存条件恶劣、生态环境脆弱、自然灾害频发等村屯的贫困人口，实施搬迁移民脱贫一批的政策"。《方案》就是在这种背景下出台的。

1. 总体目标

坚持以人为本，以统筹城乡为主线，以整合资源为保障，保护生态环境、改善生态移民生产生活条件，整合资金、统筹政策、整体搬迁、集中安置为主和分散安置为补、科学规划、合理布局，把实施扶贫生态移民工程与推进新型城镇化结合起来，与美丽乡村建设结合起来，与城镇保障性住房建设、农村危房改造结合起来，努力实现科学、和谐、有序迁入。确保扶贫生态移民"居住有改善、致富有路子、就业有岗位、迁出能稳定"。为此，《方案》计划移民集中安置中力争做到"每户有一套保障政策、有一套房子、有一个孩子免费享受县内职业技能培训"，实现"五通六有"，即：通电、通路、通水、通光缆、通电视，有学校（中小学及幼儿园）、有卫生室、有文体活动室、有广场、有超市、有社区服务中心。农户经培训后可就近安排到县城工业园区，也可融入县城经济圈从事经商、建筑、运输、加工、第三产业服务等工作。

2. 指导思想

围绕"三坚持、三为主、三结合、一确保"的总体工作思路开展扶贫生态移民搬迁工程。三坚持即坚持政府主导、群众自愿，坚持统筹规划、分类指导，坚持先易后难、有序推进。三为主即搬迁对象以居住在深山区、石山区特别是石漠化严重地区的贫困农户为主，安置地点以乡政府驻地移民新村为主，安置方式以乡内集中安置为主。三结合即工程实施要与推进城镇化、信息化、农业现代化相结合，与发展世界自然遗产地生态旅游等特色小城镇建设和"美丽环江·清洁乡村"活动相结合，与农村危房改造和保障性安居工程建设相结合。一确保即确保生态移民工程实现"搬得出、留得住、有社保、促就业、有出路"的目标。举全乡之力，在保质保量完成建设任务的基础上，建设具有毛南族民居风格和特色的精品工程、亮点工程。

3. 资金来源和投资补助标准

以易地扶贫搬迁工程项目资金为主渠道，统筹整合保障性住房、农村危房改造、一事一议、扶贫发展资金、自治区财政配套扶贫资金、群众自筹资金、自治县财政资金、政府债券及银行贷款等项目资金。此外，水利、林业、农业、国土、交通、电力等部门也要积极配合，并整合本部门资金用于扶贫生态移民安置点建设。建档立卡在册贫困对象住房人均补助 1.2 万元，非建档立卡贫困对象按人均8000 元给予建房补助，人口较少民族补助标准增加 1000元。下南乡"生态移民民族新村"项目工程估算投资约5840 万元。其中：建房资金约 5040 万元；基础设施建设资金约 350 万元（场地平整、道路硬化、排水排污、供电、广场、绿化、亮化、美化及公共服务设施等）；征地费约450 万元（约 90 亩）。按照"农户自筹，上级补助，部门整合，业主融资，市场运作"的思路进行资金筹措。主要由中央财政资金、自治区本级资金、整合部门资金、市和县财政资金、政府债券、银行贷款、对口帮扶、农户自筹、市场运作等资金组成。

4. 配套政策

首先是住房政策。下南乡"扶贫生态移民民族新村"安置住房分为 80 平方米、100 平方米、120 平方米三种户型。分散安置点户宅基地面积不得超过 54 平方米。下南乡"扶贫生态移民民族新村"安置住房按住户面积 1200 元／平方米以内限价供房（各楼层的具体价格由下南乡人民政府及县扶贫生态移办研究商定），农户缴纳建房金后（含国家建房补助资金）可获得相应户型的毛坯房。支持扶贫生态移民通过安置房的产权以及林权和土地承包经营权等抵押融资或使用信用贷款建房。对符合金融部门贷款条件的扶贫生态移民农户，购房申请贷款贴息的，由自治县财政进行贴息，按每户最高不超过 10 万元的额度和不高于同期人民银行基准利率给予全额贴息补助，连续贴息期限不超过 3 年。

其次是就业政策。拓展扶贫生态移民就业途径，促进移民稳定就业。对扶贫生态移民中的青壮年劳动力开展职业技术培训，提高其职业技能，增强就业能力。用好扶持政策，积极鼓励、推荐、引荐青壮年到县城工业园区进厂务工或自主创业。通过组织劳务输出，促进移民稳定就业。提高人口素质，实现扶贫生态移民充分就业，扶贫生态移民子女初中、高中毕业未考入高中、大学的，享受县内中等职业学校 3 年免费职业技能教育培训。

再次是产业政策。制定和完善扶贫生态移民后续产业扶持政策，引导和扶持扶贫生态移民从事农产品加工、商品经营、餐饮、运输等二、三产业。鼓励扶贫生态移民大力发展生态、世遗、毛南族文化旅游和香猪、菜牛等特色优势产业。鼓励扶贫生态移民以出租、转包、互换、转让、入股、托管等形式流转经营权。

最后是户籍和社会保障政策。扶贫生态移民必须是本乡农村户籍人口。其户口可迁移，也可不迁移。搬迁后转为城镇居民的（户口迁移），实行属地管理，与当地城镇居民享有同等的教育、医疗卫生、养老保险、失业保险、社会救助、社会福利和慈善等社会保障政策；搬迁后仍保留农村户籍的（户口不迁移），通过办理流动人口居住证等形式，与迁入地居民享受同样的就学、用工等待遇，同时在原住地享受的最低生活保障、医疗救助、新农合补助、养老保险、计划生育等政策不变，由迁出、迁入地乡（镇）政府安排做好转移接续工作，解除扶贫生态移民后顾之忧。

下南乡扶贫生态移民工程实施方案于 2015 年制定，随着环江毛南族自治县"十三五"期间移民搬迁总体规划的出台，下南乡的扶贫移民方案进行了相应调整，特别是在配套政策方面，资金补贴标准有很大提高。按照地方政策，精准识别打分在 69 分以下的贫困户，均可享受 2.4 万元／人的补贴，少数民族补贴增加 1000 元／人。整屯搬迁则所有村民均可报名，精准识别打分在 69 分以上的可获得 2 万元／人的补助。按照政策补贴标准，家庭人口为 4 人的将获得 8 万～10 万元补贴，可解决 80 平方米的征地及建房（一层）费用。因此，大石山区群众报名易地搬迁非常踊跃。景阳村迁移至东良屯的 26 户均为毛南族，其中 25 户为贫困户，因此绝大部分家庭按照规定可享受相关政策补贴。

根据景阳村 60 份农户问卷统计结果，也可以对环江毛南族自治县的易地搬迁政策和措施有一定了解（见表 3-13 至表 3-17）。

从表 3-13 可以看出，45.0% 的受访户没有回答此问题，或许不想回答，或许没有被纳入扶贫移民计划。安置房面积标准为人均 25 平方米，因此人口多少直接决定房屋面积大小。按照标准分析，获得安置房的受访者家庭规模一般为 3 口之家。但实际上东良屯是移民自主购置土地建房在先，纳入扶贫移民规划在后，因此出现了面积突破红线的问题。其后我们将讨论这一问题。

表 3-13　景阳村受访户安置房面积

类型（平方米）	频率（户）	百分比（％）
80 及以下	25	41.7
81~100	2	3.3
101 及以上	6	10.0
合计	33	55.0
缺失	27	45.0
合计	60	100.0

从表 3-14 可以看出，回答这一问题的受访户搬迁总金额在 50000 元及以下的比例为 8.3%；搬迁总金额在 50001~80000 元的比例为 21.7%；搬迁总金额在 80001 元及以上的比例为 26.7%。也就是说，大部分家庭搬迁总金额至少为 5 万元。根据课题组的调查，景阳村东良安置点的村民房屋建筑面积统一为 80 平方米左右，购地及建房费用为 15 万元左右，这应该是两层楼房的建造费用。

表 3-14　景阳村受访户搬迁总费用

类型（元）	频率（户）	百分比（%）
50000 及以下	5	8.3
5001~80000	13	21.7
80001 及以上	16	26.7
合计	34	56.7
缺失	26	43.3
合计	60	100.0

从表 3-15 可以看出，原房不拆除的比例为 50.0%；原房拆除不复垦的比例为 1.7%；表示不清楚的比例为 5.0%。根据 2017 年广西壮族自治区的要求，扶贫移民搬迁一律要求原房屋拆除和复垦，景阳村民在文件出台之前大多已经实施或正在计划实施易地搬迁，所以暂时不受该规定影响。

表 3-15　景阳村受访户原房是否拆除和复垦

单位：户，%

类型	频率	有效百分比
空白	26	43.3
不拆除	30	50.0
拆除不复垦	1	1.7
不清楚	3	5.0
合计	60	100.0

从表 3-16 可以看出，受访户表示重新安排土地的比例为 40.0%；表示没有重新安排土地的比例为 10.0%。也就是说，景阳村民的易地搬迁以有土安置为主，这与其迁入地主要在乡内有密切关系，仍然属于农村范围。

表 3-16　景阳村"是否重新安排土地"调查结果统计

单位：户，%

类型	频率	有效百分比
空白	26	43.3
是	24	40.0
否	6	10.0
不清楚	4	6.7
合计	60	100.0

从表 3-17 可以看出，没有提供就业机会的比例为 36.7%；表示不清楚的比例为 20.0%。加上没有回答这一问题的受访户，实际上几乎所有受访者都没有得到提供就业机会的承诺。这与景阳村民绝大部分安排在东良移民点，且前期为自主移民直接相关。

表 3-17　景阳村"是否提供就业机会"调查结果统计

单位：户，%

类型	频率	有效百分比
空白	26	43.3
否	22	36.7
不清楚	12	20.0
合计	60	100.0

总之，环江毛南族自治县的易地搬迁经过长期的实践检验，积累了宝贵的经验。其中最主要的就是坚持易地搬迁与扶贫开发相结合的指导思想和原则，根据群众需求和地方实际不断调整移民安置的政策和措施，使该项工作朝着积极方向发展并取得显著成效。实际上，根据各地的实际情况和扶贫的实践总结，因地制宜和分类施策，已经成

为全国当前精准扶贫精准脱贫的基本方略要求，也是不同地区实施易地扶贫搬迁的具体要求。

三 易地搬迁的成效评价

目前，大多数学者都肯定了自然条件恶劣地区进行易地扶贫搬迁的必要性。从我们的调查以及其他相关评价来看，易地搬迁作为大石山区实施扶贫攻坚计划的重要途径，无论是在缓解贫困方面，还是在可持续发展和生态保护方面，都取得了良好的效果。

1. 贫困地区移民解决了基本的生存问题，由温饱逐步奔向小康

搬迁移民可以有效改变这些山区贫困家庭的生计资本数量和结构。从一个家庭的发展和可持续生计角度看，一个家庭的发展主要取决于其自身的生计资本，主要包括自然资本、物质资本、金融资本、人力资本和社会资本。自然资本是指家庭可以获得的对生计有用的自然资源储备等；物质资本是指能够支持家庭生计的基础设施和生产资料；金融资本是指家庭能用于生计所筹措和支配的资金；人力资本是指家庭在追求不同生计策略和目标时所能运用的技术、知识、劳动能力和身体健康的总和；社会资本是指家庭能够用于实现生计策略和目标的社会资源。移民搬迁可以一定程度上增加这些贫困家庭的生计资本，从农林地等自然资本，借贷和收入等金融资本，住房、生产工具和耐用消费品等物质资本，社会组织和亲朋好友间的走动等社

会资本，以及家庭成员的教育和劳动能力等人力资本方面来看，搬迁可以使这些生计资本的数量得以增加，并且生计资本的结构也可以在一定程度上得以优化——迁移前主要依赖自然资本和劳动力等人力资本，迁移后提高了物质资本、金融资本、社会资本的比重，这都会使家庭的生计状况得以改善。

环江毛南族自治县农村贫困人口从1986年的20.74万人减少到2016年的6.66万人，贫困人口累计减少14.08万人；贫困发生率由55.94%下降为20.3%，下降了35.64个百分点；农村居民人均可支配收入由1986年的249元提高到2016年的8122元，增长32.6倍。易地搬迁在环江毛南族自治县的减贫行动中无疑发挥了重要作用。

2. 贫困地区移民经济发展在产业结构方面得到极大调整

易地搬迁配合以生态扶贫和产业脱贫，可以打破第一产业发展和生态环境恶化之间的恶性链条，并为第二、三产业的发展提供基础，打破三次产业间的恶性循环链条。山区移民经济发展从搬迁前的以第一产业为主，发展到搬迁后的第一、二、三产业并存。同时，第一产业发生了很大变化，从传统的以种植玉米、红薯为主的旱地农业，发展到以种植甘蔗、桑蚕、水果为主，包括规模养殖的多种经营模式。由于交通、信息的便利，外出务工人员不断增多，越来越多的移民从依赖土地生存的生活方式中解脱出来，生活质量不断提高。与此同时，随着越来越多的群众迁移出山，人口迁出地村落的生态环境压力减小，实现生态保护的同时，可以通过引入合作社和企业等方式，有效利用迁出地区的资源，形成特色化和适度规模化的养殖项目，无论是迁出或未迁出的群众都将获得收益。景阳村的养殖业就是一个典型的例子，将在第四章中进行论述。

3. 易地搬迁群众在基础设施和公共服务方面的条件有了很大的改善

医疗、卫生、教育、科技、文化、就业的环境发生了明显的变化，特别是在素质提升等软件方面。对于分散居住在大石山区的家庭来说，教育培训资源相对匮乏，同时由于生活居住分散，不容易进行系统的教育和培训，而通过易地搬迁，山区家庭的孩子可以在城镇等新的居住地获得较好的教育，贫困家庭的青年劳动力在这些地区也较容易获得劳动技能学习和培训机会，可以实现家庭的人力资源积累，为阻断贫困的代际传递创造条件。同时，由于居住分散和交通的不便利，山区贫困家庭往往难以获得良好的医疗资源，生病不能得到及时救治，往往出现"小病拖成大病，大病得不到及时治疗"的情况，而且容易形成因病致贫、因病返贫的现象，而通过搬迁到医疗条件较好的县（乡、镇）地区，家庭因病致贫、因病返贫的问题也得到了很好的解决。

另外，大石山区的基础设施建设往往比较落后，同时由于山区人口和家庭居住分散，一些聚集地只有几户人家，缺乏规模效应，因此基础设施建设缺乏效益，有些村庄即使修建了公路、水电等基础设施，也容易出现后期维护和保障问题；同时，大型的基础设施建设往往需要花费较多资金，如果针对一个居住和生活较为分散的地区兴建大型基础设施，每个人因此承担的建设和后期维护费用也较多，依靠村民集资往往难以实现，政府财政又难以支持，搬迁到县（乡、镇），家庭和人口聚集为大型基础设施的建设提供了基础。

总之，通过易地搬迁，很多村庄和家庭摆脱了贫困，有一些移民村已经变得较为富裕。例如，环江第一个扶贫移民试点——平原扶贫李果场创办于1989年，移民包括来自景阳村的十几户村民。1991年，移民种植的三华李开始挂果，当年收获4.5万公斤，1992年收获6.2万公斤。到1993年，收获30.75万公斤，加上其他方面的收入，全场总收入达到33.25万元，人均收入1115.7元，当年收入5000元以上有14户，其中万元以上的有4户。[①] 再如，在中国科学院等单位的支持下于1996年建立的肯福异地扶贫开发科技示范区，包括景阳村的六七户移民。肯福移民场以"科技单位＋公司＋基地＋农户"的股份制企业化科技扶贫创新机制进行管理，设计了合理利用示范区资源、适应经济持续健康发展的水果、甘蔗、畜禽、蔬菜四大支柱产业，提供了产业的地域布局、开发步骤和主要措施。[②] 由于其较高的科技含量与创新的运行机制，移民人均纯收入4年翻两番，从1996年的390元提高到2000年

---

① 中共环江毛南族自治县委员会党史研究室课题组:《环江毛南族自治县异地安置工作纪实》，载环江毛南族自治县社会科学界联合会编《世遗时代的环江发展优秀文集》，广西人民出版社，2016，第318页。

② 曾馥平、张浩、段瑞:《重大需求促创新 协同发展解贫困——广西壮族自治区环江县扶贫工作的实践与思考》，《中国科学院院刊》2016年第3期。

的 2180 元，超过该县农民人均收入水平（2080 元）。这种"科技单位 + 公司 + 基地 + 农户"的股份制企业化科技扶贫创新机制，对西南地区实施易地扶贫搬迁，具有重要的指导意义与科学价值。

课题组在实地调研中，也走访了景阳村一些早期易地搬迁的农户，通过对他们的访谈，可以更加客观地了解易地搬迁的成效。2005 年，景阳村拉样屯 30 余户村民因修水库，被集中安置到县城附近思恩镇陈双村的高龙新村。2017 年 9 月 24 日，高龙新村 29 岁的毛南族小伙子莫某奎和课题组进行了交谈。他告诉我们，当年搬迁时他正在读初三，毕业后进入桂宜高中（民办）就读，这在以前是不敢想象的。读完高中他就参了军，在部队得到了历练。他家没有搬迁前，有旱地改成的田 3 亩，从打狗河取水灌溉。还有几亩旱地用来种植玉米。家里养几头菜牛和山羊。由于粮食产量低，每年都缺粮，父母也没有外出打工，所以生活很困难。搬迁后，家里 6 口人（爷爷奶奶、父母和兄弟）分到了 20 余亩地、4 亩田，住房 100 平方米、厨房 60 平方米；分到赔偿金 7 万元，分配住房扣掉4.7 万元，剩余 2.3 万元。分配的住房都是只盖一层，后来大家逐渐加盖了二层或三层，每层成本至少 6 万元。赔偿金覆盖房屋、鱼塘、果树等，当时有些家庭已经分户，但没有独立住房，所以没有房屋的赔偿金，但在高龙新村也免费分到了住房。拉样屯邻近打狗河，地势比较平坦，又可利用河水灌溉，所以是景阳村中条件最好的屯。搬迁到高龙新村后，他们主要种植水果、种桑养蚕。莫某奎退伍复员后，2012年到广东打工，在那儿与同样来自"毛南三乡"的妻子认识并结婚，2015年回到家乡发展。他们家的4亩田用于种桑养蚕，收入不多且价格不稳定；20余亩地加上租借别人家的8亩地用于种植砂糖橘，还没有挂果收获。因此，小莫回家后开办了养殖场，最初养殖50头母猪，2017年增加到母猪100头、肉猪200头。母猪产崽还不稳定，2017~2018年卖了五六百头猪，每头价格在500元左右。收入大概有二三十万，纯利润可达50%。现在的收入主要用于扩大生产规模，30余亩水果绝大部分是2017年种植的，仅是购买化肥、农药等就需要十余万元。小莫说，他没有参加过培训，养殖技术靠自学，村里也有其他养殖户，但是稍有规模的只有自己1家。拉样屯的森林及水位线上的土地仍然属于村民所有，全屯的生态公益林为2900亩，每亩补贴14元，小莫家每年可分1800元。此外，下桥电站对移民的补贴年限为20年，补贴标准为600元/人/年。所以，易地搬迁后大家的生活条件都有了很大的改善。不过，尽管分到了土地，村里70%以上的青壮年，现在交通方便、信息通畅，在家待不住，都出去打工了，小莫的弟弟还没有结婚，也在外面打工。目前，30余户移民只有1家没有脱贫，原因是单亲家庭，母亲带着正上高中的两个孩子生活，比较困难。小莫的奶奶87岁了，她告诉我们，住在这里有许多同屯的人，大家关系挺亲密，和当地人的关系也不错，刚来时当地人给移民以很大的帮助，如借给移民盖房子的模板等，节日里大家都像亲戚一样走动。奶奶说，老家交通太不

图3-5　思恩镇陈双村高龙新村移民点

方便了，搬迁后自己没有回去过。现在建起了电站，回去要先乘车到河池市的金城江区拔贡村，然后坐船到干劳电站，再走路到拉样。所以，每年清明节都是由年轻人回去扫墓。

根据60份农户问卷统计结果，可以了解景阳村民对易地搬迁的一般评价（见表3-18）。

从表3-18可以看出，43.3%的受访者没有回答这一问题，他们应当是还没有进行易地搬迁。其余的受访者中，对搬迁效果表示非常满意及比较满意的比例为23.4%，认为搬迁效果一般或说不清的比例达31.7%，换言之，回答这一问题的受访者超过半数的心情比较复杂。考虑到受访者大多为准备搬迁到东良移民点或不准备搬迁的村民，他们实际上还处于移民的心理适应期，甚至有可能为了将来的就业、生计等问题而心情忐忑，表现出复杂的心情是合理的。

表 3-18　景阳村受访户搬迁效果评价统计

单位：户，%

类型	频率	有效百分比
空白	26	43.3
非常满意	1	1.7
比较满意	13	21.7
一般	12	20.0
很不满意	1	1.7
说不清	7	11.7
合计	60	100.0

　　综上所述，在目前的条件下易地搬迁是解决大石山区农户贫困问题的有效途径。迁移到新居生活的农民，其生活条件有了质的飞跃，住房不仅宽敞了，质量也提高了。产业结构也有了根本的改变，由原先以第一产业为主发展到第一、二、三产业并存，同时第一产业亦从主要种植旱地作物，扩展到种植水稻、甘蔗，以及种桑养蚕等养殖业；外出务工人员不断增加。交通、通信便捷了，人们在网络资源和信息共享方面拥有更多的权利；教育、医疗、卫生等基本公共服务更是大为改善。特别是在思想观念方面，由原先的封闭和保守，逐渐转变为与外部世界的沟通与开放。可以说，通过易地搬迁，大石山区的贫困移民解决了基本生存问题，由温饱逐步奔向小康。

四　易地搬迁面临的问题

　　在肯定大石山区实施扶贫易地搬迁取得的成效的同

时，我们也看到易地搬迁以后移民在社会适应性、民族文化传承、小区重组、生产生活方式、民族关系、社会保障等方面遇到了许多问题，需要进一步的调查和研究。

1. 土地征购问题

特别在易地搬迁初期，土地问题不仅对征用地居民造成困扰，也对移民造成影响，限制了土地使用权的转让。随着人口的增加和土地开发以后价值的提升，一些被征用土地的当地居民与移民之间发生了土地纠纷。例如，陈双移民场各旦点的土地是从陈双村肯妙屯征用来的，开始大家还相安无事，但是从 21 世纪初开始，肯妙屯村民阻止各旦点移民耕种其中的 100 余亩土地，强行割走那些地里的作物，使移民无法耕种这些土地。景阳村民搬迁的东良移民点，也是因为地权问题而无法动工建设，耽搁了两年。土地问题的核心是所有权问题，我国农村土地所有权是"集体所有"，但实践中土地集体所有权的实现确实存在很多困难。政府组织、个人自愿的易地搬迁由政府统一安排，土地纠纷尚未能有效避免，自主移民的土地使用权转让尽管由政府部门作为中介签订协议，依然存在隐患。随着我国农村土地制度改革进程不断加快，期望易地搬迁所带来的土地纠纷能够依法妥善解决。

2. 政策差异问题

不同时期或不同类型的易地搬迁政策差异较大，导致项目实施效果不均衡。首先是县内移民和县外移民政策差异较大。由于县外移民易地搬迁工程得到了广西各级政府的高度重视和广东的大力帮扶，移民点的基础设施建设进行得又快又好，移民的生活保障水平也较高。这些政策差异难免会给县内移民带来心理上的落差。其次是示范点或帮扶点与一般安置点存在较大差距。示范点的建设得到各级政府的特别支持和大力投入，因此成效显著；一般安置点的建设虽然也有政策保障，但是还不能完全满足贫困移民生产生活的需要，从而在一定程度上影响到后续生计的发展。而对于那些自主移民，一般只是给予一定的建房资助和帮助"三通一平"，其他政策性扶持就很少或没有了。虽然这些自主移民的政策依赖性不大，但其整体发展远远落后于示范点。

3. 资金问题

扶贫移民的搬迁和后继安置过程需要大量的资金，无论是政府组织的示范点，还是自发组织的安置点，都需要政府和移民双方的投资。根据预算，在征地和前期工作补助、住房贷款贴息方面，按照人均 1000 元进行补助，仅 2014~2020 年，环江在扶贫生态移民工程上要筹措补助资金达 5000 万元；按每户需要住房贷款 10 万元，年息 0.5%，连续贴息 3 年算，政府需要承担住房贷款贴息资金约 1.5 亿元。由于易地搬迁的移民绝大部分为贫困户，本身收入水平低，没有足够的储蓄和财富积累，即使有政策补贴，他们依然需要投入部分资金。如按照每户 3 口人约 80 平方米的标准建造房屋，需 15 万元左右，除去可获得的 7.2 万 ~7.5 万元补贴，还有 7.5 万元左右的缺口，这对于贫困户来说是无法解决的。他们只能去借贷，随后的还贷将会给他们带来沉重的经济压力。景阳村两委干部说："搞不好，会在因病返贫、因学返贫、因伤返贫之外，出现因迁返贫的问题。"

4. 产业发展问题

随着经济社会发展和农业结构调整，集中安置的移民点也出现了一些新态势和新问题。外出务工的青壮年增多，糖蔗和桑蚕业面临的难题，促使一些土地重新抛荒；或是受旱地土质影响，一些移民不愿意再耕种作物；由于移民点多安置在荒山坡上，水源较为缺乏；一些易地搬迁的移民分配到的承包地虽然比原住地多，但依然属于少地的状况；随着特色水果产业的大力发展，砂糖橘的销售和红心柚的储存开始出现问题。凡此种种，都对移民的收入及生活质量的进一步提高产生影响。

5. 旧房拆除问题

根据调查，环江毛南族自治县在长达几十年的易地搬迁实践中取得显著成效，其中一个重要因素就是保留移民在迁出地的土地和房屋，允许来去自由，这就使移民吃了定心丸，不会担心搬迁之后不适应而没有退路。群众的担心是可以理解的，对于长期封闭在大石山区的群众来说，外面的世界确实具有太多的未知因素和极大的挑战。在新一轮的易地扶贫搬迁中，政策规定拆除旧房复垦，引起了大石山区群众的很大意见。移民除了担心以后没有退路，还担心清明回来扫墓及祭祖没有地方落脚，从事林下养殖及生态公益林管护也不方便。群众认为，大石山区要求退耕还林，拆除旧房复垦是说不通的，拆下来的建筑材料和垃圾也会对生态环境造成不良影响。①

6. 政策补贴问题

这是景阳村民在东良移民点搬迁中遇到的最大问题。2014 年东良被下南乡政府确定为扶贫移民开发区后，景阳村报名参加征地的有 33 户，购置土地的价格不等，大约为 5 万元／亩。2016 年环江毛南族自治县新一轮扶贫移民政策出台后，东良移民点的群众十分振奋，东拼西凑盖起了一层楼房，想尽快迁移到条件好些的新居。按照政策标准，扶贫移民住房人均 25 平方米，户均 80 平方米。这是政策红线，一旦突破不可享受补贴。然而，东良土地购置在先，且为统一分配，盖房时又由移民自行丈量，导致复测时只有 1 户没有超过 80 平方米，其余 25 户家庭均为 81 平方米，突破了这个红线。为此，东良移民点的群众感到十分沮丧。由于他们大多是借钱搬迁，扶贫移民政策出台后曾经满怀希望，现今却遇到了这样的难题。有的村民说，我把房子拆除一部分，是不是就可以享受补贴了？有的村民说，政府安置点的房屋面积标准规定的并不十分死板，因为没有 75 平方米以下的，也就是说可能所有的政府安置房都超过标准了，为什么这部分搬迁户却可以享受补贴？有的村民说，自己是贫困户，却因为住房超过一两平方米就不能得到补贴，那么能不能把东良屯的房子退回，再申请无土安置搬迁到"毛南家园"？得到的答复是

---

① 据了解，截至 2019 年 6 月底，在相关部门的努力下，通过细致的工作，环江毛南族自治县易地扶贫搬迁涉及的拆除旧房复垦问题，已经按照政策规定妥善解决。

不可以。景阳村干部则十分担心，如果没有补贴，贫困户借的钱如何偿还，如果无法还债，有些债主可能会采取极端办法占房抵押。这样移民点的社会治安存在隐患。负责帮扶景阳村的是环江毛南族自治县老干部局，他们对这个问题也十分头疼，一直在帮助村民向上级部门反映。截至2017年9月，自治县相关部门的回复仍然是没有办法，因为这是自治区相关部门出台的文件。最现实的问题是，如果东良移民点25户贫困户没有获得扶贫移民搬迁补贴，如何实现景阳村制定的2018年整村脱贫目标？应该给贫困户脱贫开绿灯，又为何设置红线？村民想不通。他们甚至认为，补贴问题不解决，景阳村脱贫就是造假，是"材料扶贫，数据扶贫"。[①]

从景阳村上脑屯队长（村民小组组长，男）一家的情况，可以看到当地贫困户易地搬迁之不易及其有限的经济承受能力。队长50岁，未婚；大弟40多岁，未婚；妹妹30岁，外出打工，未婚。兄妹三人与母亲合住，但是兄弟俩已经分户。2012年，家里老房子着火烧毁，兄弟俩合盖了120平方米的新房，花费8万元，按照两个危房改造指标，获得3.5万元（1.75万元/个）补贴，民政部门补助2万元（2人）。2014年，他们报名参加东良安置点的扶贫移民搬迁，仍然和大弟、母亲、妹妹合建，面积统一是80平方米，单身1人面积太小无法建房。分到多少田地他们还不知道，每地每户（80平方米）3万元。兄弟俩

---

① 根据课题组的回访，景阳村东良屯移民点房屋面积红线问题已于2018年得到妥善解决，移民贫困户获得了相应的政策补贴。

借钱买的，至 2016 年还完了。小弟已婚，一家 4 口，弟媳妇是本屯人，有两个孩子，已分户居住，并报名参加东良安置点的移民搬迁，也借钱了，不知是否已经还完。他们说，先报名参加，盖房子的钱再想办法，住在山里，特别担心有意外发生。2011 年队长犯病，托人到乡卫生院请医生，因天色已晚，道路险峻，医生没有出诊，只好包车直接送到县医院。队长还告诉我们，截至 2016 年 10 月，上脑屯有 5 户报名参加东良安置点的移民搬迁。其中两户已经开始建造新房，预计建造 80 平方米的一层楼房费用在 5 万 ~6 万元，不知政府是否有补助（当时还没有纳入"十三五"扶贫移民规划），原来政府规定 20 户的移民点，可给予每人 5000~6000 元的"三通一平"补助。

7. 行政管理困难

随着易地搬迁规模的不断扩大，特别是县内山区农民大量迁移，一些村庄近乎消失，而分批迁移的村民大多几户或十几户穿插安置在其他村中，在行政管理上造成了困难，也对居民社会关系的重建提出了挑战。景阳村情况也是如此。这是将来移民小区重新划分和社会治理创新必须加以考虑的问题，也是乡村振兴必须面对的难题。

党的十九大报告指出，新时代我国社会主要矛盾已经转化为人民日益增长的美好生活需要和不平衡不充分的发展之间的矛盾。这种发展不平衡、不充分在少数民族聚居的贫困地区表现得非常突出。因此十九大报告提出要把"加大力度支持革命老区、民族地区、边疆地区、贫困地区加快发展"放在最优先的地位。有学者认为，新时代区域协调发展的三大目标为：实现基本公共服务均等化、基础设施通达程度比较均衡、人民生活水平大体相当。[①] 可以说，易地搬迁在实现这个目标方向上，起到了积极的作用。超过千万的贫困人口通过"挪穷窝"，不仅改善了物质生活条件，也获得了更多的与尊严、公平、权利等密切相关的机会，并为年轻一代的成长与发展带来了更多的可能和机遇。因此，易地搬迁对于民族地区反贫困并最终走向现代化，具有十分重要的意义。

---

① 郑长德：《新时代民族地区区域协调发展研究》，《西南民族大学学报》2018年第4期。

第四章

精准扶贫与产业转型

21世纪以后，我国的脱贫攻坚工作已进入"啃硬骨头、攻坚拔寨"的冲刺阶段，党中央国务院明确发出了精准脱贫、全面解决贫困问题的决战令。中央扶贫开发工作会议提出，要坚持精准扶贫、精准脱贫，重在增强脱贫攻坚成效，关键是要找准路子、构建好的体制机制，在精准施策上出实招、在精准推进上下实功、在精准落地上见实效。景阳村的贫困治理迎来了难得的机遇，脱贫攻坚工作进入新阶段。

第一节　精准扶贫的开展

一　精准扶贫战略的确立

改革开放以来，随着经济社会的不断发展和综合国力的不断提高，我国的扶贫工作取得了举世瞩目的成就，农村贫困人口由 7 亿人减少到 2014 年底的 7000 万人，农村贫困发生率从 2000 年的 10.2% 下降到 2015 年的 5.7%。[①]伴随着贫困人口规模的不断缩小，扶贫工作的难度越来越大，因为这些贫困人口主要集中在中西部经济欠发达地区，具有深度贫困和多维贫困的显著特征，攻坚拔寨的任务十分艰巨。在以往的实践中，我国的扶贫工作面对数量巨大的贫困人口，难以实现准确而精细地了解贫困个体的贫困状况和贫困成因，并制定出切实有效的脱贫方案。在贫困人口规模大幅度减少而脱贫难度愈发加大的形势下，扶贫工作的思想和方法必须有所创新，更加具有针对性和时效性，才能保证打赢脱贫攻坚战，实现 2020 年全面建成小康社会的目标。

2013 年 11 月，习近平总书记在湖南省湘西自治州花垣县十八洞村考察时，首次提出"精准扶贫"思想，指出："扶贫要实事求是，因地制宜。要精准扶贫，切忌喊口号，

---

① 王朝明、张海浪：《精准扶贫、精准脱贫战略思想的理论价值》，《理论与改革》2019 年第 1 期；李涛、陶明浩、张竞：《精准扶贫中的人民获得感：基于广西民族地区的实证研究》，《管理学刊》2019 年第 1 期。

也不要定好高骛远的目标。三件事要做实，一是发展生产要实事求是，二是要有基本公共保障，三是下一代要接受教育。"[①]2014 年 1 月，中共中央办公厅印发《关于创新机制扎实推进农村扶贫开发工作的意见与通知》，将精准扶贫工作机制作为六项扶贫机制创新之一，推动精准扶贫思想落地；2014 年 4 月，国务院扶贫办印发《扶贫开发建档立卡工作方案》，制定了 2014 年底前在全国范围内建立贫困户、贫困村、贫困县和连片特困地区电子信息档案，并向贫困户发放《扶贫手册》，为全面推行精准扶贫、精准脱贫工作奠定基础；2014 年 5 月，国务院扶贫办等七部门联合下发《关于印发〈建立精准扶贫工作机制实施方案〉的通知》，确定了逐步构建精准扶贫、精准脱贫工作长效机制的任务和目标，标志着精准扶贫、精准脱贫工作在全国的推行；2015 年 10 月举行的党的十八届五中全会提出，在我国现行标准下农村贫困人口实现脱贫，贫困县全部摘帽，解决区域性整体贫困；2015 年 11 月，中央正式发布《中共中央国务院关于打赢脱贫攻坚战的决定》，把精准扶贫、精准脱贫作为扶贫开发的基本方略，纳入国家治国理政总体方略。[②]

精准扶贫战略思想的确立为新时代的中国扶贫工作指明了方向。习近平总书记强调："现在，中国在扶贫工作中采取的重要举措，就是实施精准扶贫方略，'找到贫根'，

---

① 《习近平：扶贫切忌喊口号》，人民网·时政频道，2013 年 11 月 3 日。
② 王朝明、张海浪：《精准扶贫、精准脱贫战略思想的理论价值》，《理论与改革》2019 年第 1 期。

对症下药，靶向治疗。我们坚持中国制度的优势，构建省市县乡村五级一起抓扶贫、层层落实责任制的治理格局。我们注重抓六个精准，即扶贫对象精准、项目安排精准、资金使用精准、措施到户精准、因村派人精准、脱贫成效精准，确保各项政策好处落实到扶贫对象身上。我们坚持分类施策，因人因地施策，因贫困原因施策，因贫困类型施策，通过扶持生产和就业发展一批，通过易地搬迁安置一批，通过生态保护脱贫一批，通过教育扶贫脱贫一批，通过低保政策兜底一批。我们广泛动员全社会力量，支持和鼓励全社会采取灵活多样的形式参与扶贫。"[①] 根据中央的指示，全国各地制定了精准扶贫的政策和制度，精准扶贫工作全面开展。2016 年 4 月，中共中央办公厅、国务院办公厅发布《关于建立贫困县退出机制的意见》，明确贫困县退出以贫困发生率为主要衡量标准，原则上中部地区贫困县贫困发生率要降至 2% 以下，西部地区要降至 3% 以下。同时，贫困县退出还要完整履行县级提出、市级初审和省级核查公示审定等程序。截至 2017 年 11 月，全国共有 28 个贫困县脱贫摘帽，成为 1986 年国家设定贫困县以来，历史上第一次实现贫困县数量的净减少，也是实现贫困县全部摘帽的良好起步。[②]

按照国家精准扶贫战略的精神和要求，中共广西壮族自治区委员会发布了《关于贯彻落实中央扶贫开发重

---

① 习近平：《携手消除贫困，促进共同发展》，2015 年 10 月 16 日；中共中央文献研究室编：《十八大以来重要文献选编》，中央文献出版社，2016，第 720 页。
② 李慧：《全国 26 县集中脱贫摘帽打赢脱贫攻坚战迈出坚实步伐》，《光明日报》2017 年 11 月 2 日，第 1 版。

大决策部署　坚决打赢"十三五"脱贫攻坚战的决定》（〔2015〕15号，下称《决定》）。根据《决定》内容，广西壮族自治区"十三五"时期脱贫攻坚的主要目标为：实现"两个确保"：到2020年，确保全区现行标准下的538万农村贫困人口实现脱贫，确保54个贫困县（含"天窗县"和享受待遇县）5000个贫困村脱贫摘帽。实现"两不愁、三保障、两高于、一接近"：到2020年，稳定实现扶贫对象不愁吃、不愁穿，义务教育、基本医疗和住房安全有保障，扶贫开发工作重点县和贫困村农民人均可支配收入增幅均高于全区平均水平，贫困地区基本公共服务主要领域指标接近全区平均水平。实现"五有四通"：到2020年，努力实现村村有特色富民产业、有合作组织、有公共服务场所、有安全饮用水、有新村新貌，20户以上的自然屯实现屯屯通电、通路、通广播电视、通宽带网，真正让贫困地区群众致富有路子、住上好房子、过上好日子，安居乐业奔小康。作为广西壮族自治区新一轮脱贫攻坚工作的纲领性文件，《决定》制定了全区实施精准扶贫的措施和要求，规定县级作为脱贫攻坚的工作主体、责任主体、实施主体，全面落实责任、权力、资金、任务"四到县"制度，切实做好扶贫力量组织调配、项目资金运行管理、帮扶措施督促落实等工作。脱贫攻坚期内贫困县县级领导班子要保持稳定，对表现优秀、符合条件的可以就地提级。《决定》从政策和资金方面加大了力度，决定加大财政扶贫投入力度，稳步扩大片区县、重点县的转移支付补助规模，自治区本级和百色、河池市及片区县、国家扶贫开发工作重点县按当年地方财政收入增量的 20% 以上，贺州、来宾、崇左市和自治区扶贫开发工作重点县按 15% 以上，其他市、县（市、区）按 10% 以上增列专项扶贫预算。[①] 随即，河池市印发了《中共河池市委员会 河池市人民政府关于贯彻落实中央和自治区扶贫开发工作重大决策部署 坚决打赢"十三五"脱贫攻坚战的实施意见》（河发〔2015〕18 号）文件。

从《决定》来看，属于滇桂黔石漠化区的百色、河池两市是广西壮族自治区"十三五"时期脱贫攻坚战的重点地区和主战场。20 世纪 80 年代以来，环江毛南族自治县一直探索将扶贫开发与异地安置相结合的创新模式，取得了显著成效。环江毛南族自治县党委和政府认为，环江在大规模开发式扶贫阶段（1986~1993 年）就开始实施精准扶贫，到 2015 年"整乡推进"开发扶贫示范区建设全面总结，环江精准扶贫走过了近 30 年的历程。通过精准扶贫，环江贫困面貌大大改变，农村基础设施明显改善，农民素质明显提高，社会事业快速发展，农民人均纯收入逐年提高。环江精准扶贫模式成为河池市开发扶贫的示范，也成为全区精准扶贫、推进社会主义新农村建设可信、可靠、可资鉴和可复制的示范。回顾环江精准扶贫的实践，环江毛南族自治县党委和政府感受最深的是：必须因地制

---

① 《中共广西壮族自治区委员会关于贯彻落实中央扶贫开发重大决策部署 坚决打赢"十三五"脱贫攻坚战的决定》（桂发〔2015〕15 号），第 4、20、22 页。转引自广西壮族自治区扶贫开发办公室编《广西脱贫攻坚系列文件摘编》，2016 年 5 月。

宜有创新。精准扶贫离不开创新，创新才能精确选择扶贫载体和扶贫项目，提高扶贫开发质量，实现扶贫开发经济效果、社会效果、政治效果和生态效果。必须突破瓶颈抓重点。围绕党委、政府扶贫工作总要求选择发展重点，找到具体实施途径，锁定目标、整合资源、建立机制、有序推进。必须强化责任抓落实。要推进精准扶贫，必须坚持党委领导、政府引导，群众主体、部门帮扶，形成各尽其责、协同作战的扶贫工作格局。①

为全面落实中央、自治区以及河池市开发扶贫工作战略部署，根据《中共中央国务院关于打赢脱贫攻坚战的决定》、《中共广西壮族自治区委员会关于贯彻落实中央扶贫开发工作重大决策部署 坚决打赢"十三五"脱贫攻坚战的决定》和《中共河池市委员会 河池市人民政府关于贯彻落实中央和自治区扶贫开发工作重大决策部署 坚决打赢"十三五"脱贫攻坚战的实施意见》以及贫困县、贫困村、贫困户的验收标准等文件精神，环江毛南族自治县结合本地实际情况，于 2016 年 3 月 4 日印发了《环江毛南族自治县打赢"十三五"脱贫攻坚战行动方案》，决定坚持精准扶贫、精准脱贫基本方略，构建扶贫生态移民搬迁、整乡（村）推进脱贫、产业开发扶贫、旅游开发扶贫和基础设施建设五位一体工作格局，以 60 个贫困村为主战场，以 6.66 万农村贫困人口为主要对象，实

---

① 黄炳峰:《精准扶贫 决胜小康——环江县精准扶贫的实践及其经验启示》，《河池日报》2016 年 4 月 13 日，第 6 版。

施脱贫攻坚"七个一批"行动，^①坚决打赢脱贫攻坚战。同时，制定了《环江毛南族自治县 2016~2018 年贫困村脱贫摘帽计划表》、《环江毛南族自治县 2016~2019 年贫困人口脱贫计划表》和《环江毛南族自治县 2016 年贫困户扶贫移民搬迁计划表》。为科学统筹全县脱贫工作，环江毛南族自治县成立精准脱贫攻坚指挥部，成立 11 个专责小组，建立县、乡、村三级联动的工作运行机制，形成统一有序的脱贫攻坚工作格局。对于精准识别出来的 1.8422 万户 6.6647 万人实施"1086"帮扶机制，实现精准帮扶全覆盖。即采取处级干部联系 10 户贫困户、科级干部联系 8 户贫困户、一般干部联系 6 户贫困户的"1086"帮扶机制，实现精准扶贫结对帮扶到户到人全覆盖。同时，结合环江县实际，制定《精准扶贫行动 2016~2018 年产业开发工作实施方案》等，制定贫困村重点脱贫产业规划表，明确全县 60 个贫困村的重点脱贫产业内容、面积、模式。特别是近年来，环江毛南族自治县聚焦精准脱贫主攻方向，紧盯"两不愁、三保障"目标任务，精准落实"七个一批"脱贫路径，深入实施"一户一策"脱贫计划，打造易地扶贫搬迁安置后续增收产业园、脱贫户后续增收产业园、村级集体经济收入增收产业园等"三园"，实施精准扶贫"双覆盖"，推动粤桂扶贫协作资金项目，扎实推进基础设施、富民产业、

---

① 即产业发展脱贫一批、转移就业脱贫一批、搬迁移民脱贫一批、生态补偿脱贫一批、教育扶智脱贫一批、医疗救助脱贫一批、社保兜底脱贫一批等七个一批行动。

公共服务等提升工程。通过全县干部群众的努力，环江毛南族自治县的脱贫攻坚工作取得了显著成效。2016年作为广西唯一的县份，环江县在全国民族自治县打赢脱贫攻坚战、全面建成小康社会经验交流会上做了典型发言，2016年两次圆满通过国务院精准扶贫成效第三方评估，脱贫攻坚工作得到自治区扶贫领导小组的通报表扬。截至2018年底，全县实现20个贫困村2.27万人脱贫摘帽。

二 精准扶贫的举措

下南乡是环江毛南族自治县"整乡推进"示范点，景阳村是下南乡"整村推进"重点村，在新一轮脱贫攻坚战中，下南乡及景阳村的扶贫工作得到极大重视，脱贫攻坚力度前所未有地加大。

2014年1月，下南乡被确立为开发扶贫"整乡推进"项目建设示范区，环江毛南族自治县决心通过项目实施，将这个毛南族世居发祥地及主要聚居区的穷根彻底拔掉，实现全乡11个村（社区）整体脱贫。项目总规划整合资金40881.77万元，实施基础设施建设、扶贫产业开发、生态扶贫搬迁等6大工程36个项目184个子项目，规划实施为期3年，涉及11个行政村175个自然屯1.8万名群众，其中贫困人口6558人。项目围绕"到2020年稳步实现扶贫对象不愁吃、不愁穿，保障其义务教育、基本医疗和住房"的农村扶贫开发工作总体目标，按照河池市委、市政府提出的开发扶贫工作新思路，到 2017 年底，全乡实现农民人均纯收入增长幅度高于全县平均水平，人均纯收入达到 5800 元以上；全乡实现"乡 6 有、村 8 有、屯 8 有、户 9 有"的"6889"工作目标（具体内容见附件 3《环江毛南族自治县开发扶贫整乡推进下南乡项目建设实施方案》）。项目实施取得了明显成效，也暴露出一些问题。在移民搬迁方面，主要是整乡推进，工作涉及面广量大，整合项目资金难度较大，部分项目资金来源难以落实，群众自筹能力不足，劳动力严重缺乏。在产业发展方面，主要是整乡推进，项目重点为基础设施建设，产业扶贫资金相对欠缺，转变扶贫发展方式的难度较大等。

随着精准扶贫方略的确立，下南乡将整乡推进与精准扶贫有机结合，极大地推动了全乡新一轮脱贫攻坚的进展。通过新一轮精准识别，全乡有贫困户 969 户 3259 人，有贫困村 7 个，其中一类贫困村 3 个（玉环、景阳、下塘）、二类贫困村 3 个（希远、塘八、仪凤）、三类贫困村 1 个（中南）。2015 年 1 月、5 月及 2016 年 1 月，《下南乡开发扶贫工作方案》、《环江毛南族自治县下南乡 2015 年扶贫生态移民工程实施方案》及《下南乡"十三五"产业发展规划》先后出台，全乡新一轮脱贫攻坚战全面打响。

景阳村在新一轮精准识别中，共有建档立卡贫困户 56 户 149 人，被列为下南乡一类贫困村，全村贫困人口及识别状况如表 4-1、表 4-2 所示。

表4-1　下南乡及景阳村贫困人口分布及脱贫计划

单位：户，人

项目　　　内容	贫困户数	贫困人数	2016年预脱贫户数	2016年预脱贫人口数	2017年预脱贫户数	2017年预脱贫人口数
下南乡	998	3345	518	1826	480	1519
景阳村	56	149	8	25	48	124

注：该表于2015年制定，当时环江毛南族自治县脱贫摘帽时间确定为2017年。为了扎实推进脱贫攻坚，环江毛南族自治县根据上级政府指示，后将全县脱贫摘帽的时间延后至2019年，下南乡及景阳村贫困人口脱贫计划相应调整。

表4-2　2015年景阳村贫困户分布统计

单位：户，人

编号	村民小组及自然屯	户数	人数
1	巴芽屯	6	12
2	必京屯	7	22
3	洞平屯	2	4
4	洞坡屯	2	3
5	洞任屯	7	21
6	洞雅屯	2	9
7	洞阳屯	11	34
8	洞诣屯	1	4
9	上告屯	1	1
10	上忙屯	3	6
11	上脑屯	8	17
12	松园屯	4	11
13	要向屯	2	5
合计	13	56	149

注：2015年景阳村有13个村民小组。

从表4-3可知，景阳村贫困人口包括低保户无劳动能力12人、扶贫低保户（有劳动能力）67人、一般贫困户70人，最主要致贫原因是缺乏资金和技术，病残也是重要原因之一。

表4-3 2015年景阳村贫困人口贫困状况及精准识别得分

单位：元，分

人员编号	家庭年人均纯收入	贫困户属性	最主要致贫原因	识别得分
1	2966	低保户（无劳动能力）	因病	30
2	2966	低保户（无劳动能力）	因病	30
3	2532	低保户（无劳动能力）	因病	27
4	2532	低保户（无劳动能力）	因病	27
5	5000	一般贫困户	因学	16
6	5000	一般贫困户	因学	16
7	5980	扶贫低保户（有劳动能力）	缺资金	41
8	2336	扶贫低保户（有劳动能力）	缺技术	32
9	2336	扶贫低保户（有劳动能力）	缺技术	32
10	3414	扶贫低保户（有劳动能力）	缺技术	56
11	3414	扶贫低保户（有劳动能力）	缺技术	56
12	3414	扶贫低保户（有劳动能力）	缺技术	56
13	3414	扶贫低保户（有劳动能力）	缺技术	56
14	2851	扶贫低保户（有劳动能力）	缺资金	49
15	2851	扶贫低保户（有劳动能力）	缺资金	49
16	2851	扶贫低保户（有劳动能力）	缺资金	49
17	8167	扶贫低保户（有劳动能力）	缺资金	64
18	8184	扶贫低保户（有劳动能力）	缺资金	68
19	2986	一般贫困户	缺资金	45
20	2986	一般贫困户	缺资金	45
21	2986	一般贫困户	缺资金	45
22	1000	一般贫困户	因残	48
23	1637	一般贫困户	缺资金	67
24	1637	一般贫困户	缺资金	67
25	1637	一般贫困户	缺资金	67
26	1637	一般贫困户	缺资金	67
27	5250	一般贫困户	缺技术	43
28	5250	一般贫困户	缺技术	43
29	2900	一般贫困户	缺资金	42
30	1431	一般贫困户	缺资金	63
31	1431	一般贫困户	缺资金	63
32	1431	一般贫困户	缺资金	63

人员编号	家庭年人均纯收入	贫困户属性	最主要致贫原因	识别得分
33	1431	一般贫困户	缺资金	63
34	5135	扶贫低保户（有劳动能力）	缺技术	69
35	5135	扶贫低保户（有劳动能力）	缺技术	69
36	1625	一般贫困户	缺资金	43
37	1625	一般贫困户	缺资金	43
38	4240	一般贫困户	缺资金	56
39	1750	一般贫困户	缺资金	27
40	5180	扶贫低保户（有劳动能力）	缺资金	54
41	5180	扶贫低保户（有劳动能力）	缺资金	54
42	6790	一般贫困户	交通条件落后	43
43	6790	一般贫困户	交通条件落后	43
44	3090	扶贫低保户（有劳动能力）	缺技术	56
45	3090	扶贫低保户（有劳动能力）	缺技术	56
46	3090	扶贫低保户（有劳动能力）	缺技术	56
47	3090	扶贫低保户（有劳动能力）	缺技术	56
48	1274	一般贫困户	缺资金	40
49	1383	一般贫困户	缺技术	51
50	1383	一般贫困户	缺技术	51
51	1383	一般贫困户	缺技术	51
52	8106	扶贫低保户（有劳动能力）	因病	58
53	8106	扶贫低保户（有劳动能力）	因病	58
54	8106	扶贫低保户（有劳动能力）	因病	58
55	8106	扶贫低保户（有劳动能力）	因病	58
56	2446	扶贫低保户（有劳动能力）	缺技术	30
57	4750	扶贫低保户（有劳动能力）	缺资金	38
58	4750	扶贫低保户（有劳动能力）	缺资金	38
59	4750	扶贫低保户（有劳动能力）	缺资金	38
60	4750	扶贫低保户（有劳动能力）	缺资金	38
61	4750	扶贫低保户（有劳动能力）	缺资金	38
62	4750	扶贫低保户（有劳动能力）	缺资金	38
63	1659	扶贫低保户（有劳动能力）	缺资金	69
64	1659	扶贫低保户（有劳动能力）	缺资金	69

人员编号	家庭年人均纯收入	贫困户属性	最主要致贫原因	识别得分
65	1659	扶贫低保户（有劳动能力）	缺资金	69
66	1659	扶贫低保户（有劳动能力）	缺资金	69
67	2927	扶贫低保户（有劳动能力）	缺资金	65
68	2927	扶贫低保户（有劳动能力）	缺资金	65
69	2927	扶贫低保户（有劳动能力）	缺资金	65
70	2927	扶贫低保户（有劳动能力）	缺资金	65
71	873	扶贫低保户（有劳动能力）	缺资金	56
72	873	扶贫低保户（有劳动能力）	缺资金	56
73	873	扶贫低保户（有劳动能力）	缺资金	56
74	2296	一般贫困户	缺技术	65
75	2296	一般贫困户	缺技术	65
76	2296	一般贫困户	缺技术	65
77	2296	一般贫困户	缺技术	65
78	1535	一般贫困户	缺技术	65
79	1830	低保户（无劳动能力）	缺劳力	43
80	1830	低保户（无劳动能力）	缺劳力	43
81	1500	一般贫困户	缺资金	30
82	3068	扶贫低保户（有劳动能力）	缺资金	35
83	3068	扶贫低保户（有劳动能力）	缺资金	35
84	4368	一般贫困户	缺资金	61
85	4368	一般贫困户	缺资金	61
86	4368	一般贫困户	缺资金	61
87	4368	一般贫困户	缺资金	61
88	4368	一般贫困户	缺资金	61
89	5513	低保户（无劳动能力）	缺资金	48
90	5513	低保户（无劳动能力）	缺资金	48
91	1669	一般贫困户	缺资金	42
92	1669	一般贫困户	缺资金	42
93	1669	一般贫困户	缺资金	42
94	1669	一般贫困户	缺资金	42
95	4031	扶贫低保户（有劳动能力）	缺资金	53
96	4031	扶贫低保户（有劳动能力）	缺资金	53

人员编号	家庭年人均纯收入	贫困户属性	最主要致贫原因	识别得分
97	4031	扶贫低保户（有劳动能力）	缺资金	53
98	4127	一般贫困户	缺资金	50
99	4127	一般贫困户	缺资金	50
100	4127	一般贫困户	缺资金	50
101	4127	一般贫困户	缺资金	50
102	2356	扶贫低保户（有劳动能力）	缺资金	64
103	2356	扶贫低保户（有劳动能力）	缺资金	64
104	2356	扶贫低保户（有劳动能力）	缺资金	64
105	1977	扶贫低保户（有劳动能力）	缺资金	65
106	1977	扶贫低保户（有劳动能力）	缺资金	65
107	1977	扶贫低保户（有劳动能力）	缺资金	65
108	1977	扶贫低保户（有劳动能力）	缺资金	65
109	1977	扶贫低保户（有劳动能力）	缺资金	65
110	1977	扶贫低保户（有劳动能力）	缺资金	65
111	1522	扶贫低保户（有劳动能力）	因病	52
112	1522	扶贫低保户（有劳动能力）	因病	52
113	1522	扶贫低保户（有劳动能力）	因病	52
114	1522	扶贫低保户（有劳动能力）	因病	52
115	2430	一般贫困户	因残	57
116	3000	一般贫困户	缺技术	38
117	2750	一般贫困户	缺技术	63
118	2750	一般贫困户	缺技术	63
119	2750	一般贫困户	缺技术	63
120	2750	一般贫困户	缺技术	63
121	2198	扶贫低保户（有劳动能力）	缺资金	54
122	2198	扶贫低保户（有劳动能力）	缺资金	54
123	2198	扶贫低保户（有劳动能力）	缺资金	54
124	2198	扶贫低保户（有劳动能力）	缺资金	54
125	11670	扶贫低保户（有劳动能力）	缺技术	46
126	2676	低保户（无劳动能力）	因残	52
127	2676	低保户（无劳动能力）	因残	52
128	2676	低保户（无劳动能力）	因残	52

人员编号	家庭年人均纯收入	贫困户属性	最主要致贫原因	识别得分
129	2676	低保户（无劳动能力）	因残	52
130	10000	一般贫困户	缺技术	57
131	2150	一般贫困户	缺资金	67
132	2150	一般贫困户	缺资金	67
133	1310	一般贫困户	缺技术	66
134	1310	一般贫困户	缺技术	66
135	1310	一般贫困户	缺技术	66
136	1310	一般贫困户	缺技术	66
137	3333	一般贫困户	缺技术	59
138	3333	一般贫困户	缺技术	59
139	3333	一般贫困户	缺技术	59
140	11783	扶贫低保户（有劳动能力）	因病	60
141	2211	一般贫困户	缺资金	69
142	2211	一般贫困户	缺资金	69
143	2211	一般贫困户	缺资金	69
144	2211	一般贫困户	缺资金	69
145	1618	一般贫困户	缺资金	68
146	1618	一般贫困户	缺资金	68
147	1618	一般贫困户	缺资金	68
148	1618	一般贫困户	缺资金	68
149	3205	扶贫低保户（有劳动能力）	缺资金	64

在精准扶贫工作中，景阳村被确定为环江毛南族自治县老干部局的扶贫联系点，该局领导班子1名成员担任驻村第一书记。根据自治县党委、政府的统一决策和部署，第一书记于2016年3月初按要求驻村开展相关工作。在乡党委、政府的领导下，第一书记依靠村两委班子的配合与帮助，深入景阳村各屯，开展调查研究，走访农户，熟悉情况，基本了解了景阳

村的村情民情及经济发展状况和存在问题。在此基础上，针对景阳村生态乡村建设和脱贫致富提出了几点建议。

一是加大对扶贫工作的扶持力度。从2012年开始，在自治区帮扶单位的支持下，景阳村逐步发展起山猪林下养殖，成为下南乡党委、政府树立的发展典型，群众的积极性也调动起来。第一书记建议县老干部局切实加大帮扶力度，主要通过有关部门（如发改局、畜牧局）立项，在资金投入方面给予支持和帮助。二是积极协调做好基础设施建设。2016年环江毛南族自治县集中人力、财力、物力在下南乡实施"整乡推进"开发扶贫项目建设，第一书记计划利用好"整乡推进"平台，配合下南乡党委、乡政府做好相关项目的规划和跟进，确保按时推进景阳村的水、电、路等基础设施建设。2016年计划修建洞任屯至洞诣、洞阳到上忙、希远至上忙等屯道路，洞阳屯的生产便道，30个牛舍以及洞坡屯的人畜饮水工程，以改善群众的生产生活条件。三是做好脱贫攻坚工作。2016~2017年是全县脱贫的关键年。当前景阳村基础条件落后，交通不便，危房众多，脱贫难度大。第一书记建议老干部局以帮助发展林下养殖产业推动脱贫工作，利用政策资金督促群众搞好移民搬迁和危房改造工作，此外还动员青壮年外出打工以提高家庭人均纯收入。四是加大检查指导力度。第一书记建议老干部局领导经常到景阳村调研、了解、指导美丽乡村和扶贫工作，帮助第一书记进一步厘清工作思路，就贯彻上级有关精神和景阳村的产业发展提出更多意见和建议。同时建议局领导协助、配合第一书记进行景阳村有关项目立项，以改善当地的生产生活条件、推动脱贫攻坚工作。

环江毛南族自治县老干部局对于景阳村的精准扶贫工作十分重视，抽调了一批干部多次深入村内进行宣传、培训、交流。他们不仅组织全村数十户贫困户集中在村委会议室学习，由扶贫工作队员向贫困户发放宣传资料，详细讲解产业扶持、易地搬迁、小额信贷、低保申请等帮扶项目政策，使群众了解新一轮的脱贫攻坚政策。帮扶干部还深入结对贫困户家中，与联系对象进行一对一的交流，讲解党和政府的相关政策，了解贫困户生产生活状况，分析其主要致贫原因，探讨其脱贫的重要途径和方法，努力激发贫困户的主观能动性，制定切实可行的帮扶措施和脱贫计划，做到"因户施策"和有的放矢。

在各级党政机关的领导下和帮扶单位的支持下，结合"整乡推进"和精准扶贫的整体规划，景阳村的各项建设项目也制定出来（见表4-4、表4-5）。

从以上两表中看出，"整乡推进"规划中，景阳村的项目聚焦于基础设施建设、生态移民搬迁及新型产业发展。"十三五"脱贫攻坚项目建设规划表是按照各级政府打赢"十三五"脱贫攻坚战的精神和要求制定的，内容更为全面，任务也更加艰巨，并在一定程度上反映了景阳村经济社会发展所面临的困境（见表4-6）。

表4-4 2014~2017年下南乡开发扶贫"整乡推进"景阳村项目建设规划表

项目类型	项目名称	单位	建设规模	主要内容	总投资（万元）	其中：群众自筹	受益情况 户数	受益情况 人数
通村公路	坡川至景阳通村水泥路	公里	9	路基、路面、路肩、涵洞改造	608		500	2000
通屯公路	洞阳至上屯屯砂石路	公里	4	路面、路肩、边沟、涵洞、错车道	120		58	280
通屯公路	村委至要向屯水泥路	公里	0.9	路面、路肩、边沟、涵洞、错车道	27		18	65
人畜饮水	上脑屯人畜饮水工程	处	1	自流、新建沉砂池1座，安装输供水管2300m，日供水量8.51m³，新建10m³高位水池1座	5.18	1.48	21	74
人畜饮水	要向屯人畜饮水工程	处	1	自流、新建沉砂池1座，安装输供水管1200m，日供水量5.64m³，新建10m³高位水池1座	3.43	0.98	14	49
人畜饮水	洞任屯人畜饮水工程	处	1	自流、新建沉砂池1座，安装输供水管1800m，日供水量10.46m³，新建10m³高位水池1座	6.37	1.82	26	91
危房改造	全乡11个屯121个屯、无具体屯名	户	895	农村危房改造工程，60-80㎡/户。	4233.35（全乡）	2685	896	3298
扶贫生态移民工程	全乡8个村76屯、无具体屯名	户/人	全乡700/2555	民房、场地平整、道路、供电、饮水、征地186亩、新建农贸市场一个、车站道路、顶卡花广场一个、戏台一个。	6578.5（全乡）		700	2555
扶贫生态移民新镇	全乡8个村76屯移民集镇安置点	户/人	301/1045		3799.27		301	1045
林下经济	9个屯林下野猪养殖	头	600	林下养殖野猪600头	90	67	30	105
产业带动工程	全乡水果种植	亩	3100	水果种植	1554.4	277.2	808	2423
生态重建	下塘村、古周村、景阳村、玉环村、堂八村、中南村等石漠化治理			封山育林、人工造林、人工种草、牛舍、青贮池、铡草机、田间道、水利渠道、蓄水池等	800		455	2000
通信设施	上必京通信基站	座	1	新建通信基站一座	50		110	330
垃圾池垃圾焚烧炉	景阳村2个屯垃圾池焚烧炉	个	2	容积数为2m³以上	1		40	120

表4-5 景阳村"十三五"脱贫攻坚项目建设规划

2016年2月27日

建设地点 屯名	项目名称	建设性质	单位	建设规模	主要建设内容	受益情况			
						总户数	总人数	贫困户数	贫困人数
	全村合计								
	一、村"四通"项目								
必京	入户道路硬化	新建	km	0.3	屯内道路硬化,厚度15cm	13	41	7	22
洞阳	必京至洞阳电线路,扩建并硬化	升级改选	km	1	路基、路面、边沟、涵洞、错车道等,路面宽5米	24	106	12	56
洞任	生产便道,洞任至古流砂石路	新建	km	1.5	路基、路面、边沟、涵洞、错车道等	14	37	7	21
上脑	生产便道,上脑至洞房砂石路	扩建	km	1	路基、路面、边沟、涵洞、错车道等	9	22	8	17
要向	要向屯内生产便道沙路	新建	km	1.2	路基、路面、边沟、涵洞、错车道等	9	34	2	5
要向	入户道路硬化	新建	km	0.2	屯内道路硬化,厚度15cm	9	34	2	5
松园	上脑屯至松园屯级道路硬化	新建	km	3	路基、路面、边沟、涵洞、错车道等,路面宽5米	17	46	12	28
松园	松园屯内生产便道沙路	扩建	km	1.5	路基、路面、边沟、涵洞、错车道等	7	24	4	11
松园	入户道路硬化	新建	km	0.5	屯内道路硬化,厚度15cm	6	22	4	11

建设地点 屯名	项目名称	建设性质	单位	建设规模	主要建设内容	受益情况			
						总户数	总人数	贫困户数	贫困人数
洞诣	村级路至洞诣屯电线路，改建并硬化	改建	km	0.6	路基、路面、边沟、涵洞、错车道等，路面宽5米	4	12	1	4
洞坡	洞坡入户道路硬化	硬化	km	0.3	屯内道路硬化，厚度15cm	4	11	2	3
巴芽	巴芽屯至顶吉电水泥路、新建并硬化	新建	km	4	路基、路面、边沟、涵洞、错车道等，路面宽5米	11	27	6	12
巴芽	巴芽屯至隆昌电水泥路、新建并硬化	新建	km	1	路基、路面、边沟、涵洞、错车道等，路面宽5米	11	27	6	12
巴芽	村委至巴芽屯电级水泥路、新建并硬化	新建	km	5	路基、路面、边沟、涵洞、错车道等	11	27	6	12
洞平	村级路至洞平屯道路硬化	硬化	km	0.1	路面、边沟、涵洞等，路面宽3.5米	2	4	2	4
上忙	洞阳电至上忙水泥路	新建	km	3.5	路面、边沟、涵洞等，路面宽5米	25	71	14	40
巴芽	村委至巴芽屯高低压线路	新建	km	4	新建高低压线路4公里	11	27	6	12
洞雅	巴芽屯至洞雅高低压线路	新建	km	1.5	新建高低压线路3公里	13	36	8	21
隆昌	巴芽屯至隆昌电高低压线路	新建	km	1	新建高低压线路4公里	11	27	6	12
松园	上脑电松园电高低压线路	改造	km	3	新建高低压线路3公里	17	46	12	28

建设地点		项目名称	建设性质	单位	建设规模	主要建设内容	受益情况			
	屯名						总户数	总人数	贫困户数	贫困人数
	洞坡	台区低压线路改造	改造	个	1	更换变压器、低压线路	4	11	2	3
	洞语	台区低压线路改造	改造	个	1	更换变压器、低压线路	4	12	1	4
	上忙	洞阳电至上忙屯高低压线路	新建	km	3.2	新建高低压线路3.2公里	25	71	14	40
	洞平	台区低压线路改造	改造	个	1	更换变压器、低压线路	2	4	2	4
		卫星信号接收器	新建	套	105	全村直播设备发放105户	105	297	56	149
		村委通宽带网络	新建	公里	20	全村计划13个自然屯通宽带网络20公里移动基站4个	105	297	56	149
		二、村"三解决"项目								
景阳村		集中引水工程	新建	km	3	从上忙引水入各屯，接下南乡政府所在地的饮水工程接口	105	297	56	149
		危房改造	新建	户	40	全村贫困户危房改造40户	105	297	56	149
		三、村"四有"项目								
		山猪养殖专业合作社	扩建	个	1	山猪养殖专业合作社	50	130	45	108
		饲养母山猪	新建	头	381	饲养母山猪400头	50	130	45	108

续表

建设地点		项目名称	建设性质	单位	建设规模	主要建设内容	受益情况				
屯名							总户数	总人数	贫困户数	贫困人数	
		饲养母牛	新建	头	91	饲养母牛 100 头	50	130	45	108
		饲养母山羊	新建	只	455	饲养肉山羊 300 只饲养母山羊 200 只	50	130	45	108
		网箱养鱼	新建	平方米	200	网箱养鱼 50 亩	2	4	2	4
		饲养母土鸡	新建	只	2310	饲养母土鸡 3000 只	50	130	45	108
		山野葡萄	新建	亩	21	种植山野葡萄 21 亩				
		珍珠李	新建	亩	1	种植珍珠李				
		木材加厂	新建	个	1	建木材加厂 1 个 1500 平方米				
		村级文化活动室	新建	平方米	100	村级文化活动室	105	297	56	149
		公共厕所	新建	个	3	建房面积 900 平方米	105	297	56	149
		垃圾集中收集点	新建	个	3	建房面积 30 平方米	105	297	56	149
		停车场	新建	个	3	21000 平方米	105	297	56	149
		景观美化、花化	新建	平方米	10000	景观美化、花化	105	297	56	149
		游客服务中心	新建	平方米	200	游客服务中心 200 平方米	105	297	56	149

| 建设地点 | 项目名称 | 建设性质 | 单位 | 建设规模 | 主要建设内容 | 受益情况 | | | |
屯名						总户数	总人数	贫困户数	贫困人数
	成立脱贫攻坚战地工室	新建			村两委班子较好履行职责、挂图作战上墙表图、制度等				
	四、户"八有一超"项目								
	建档立卡贫困户子女15年免费教育	新建	人	40	实施学前教育免除保教费、高中免除学杂费、中等职业教育免除学杂费计划	30	40	30	40
	雨露计划贫困户子女学历教育本科补助	新建	人	1	计划扶持本村贫困户子女1人就读大学	1	2	1	2
	雨露计划贫困户子女学历教育高职高专补助	新建	人	1	计划扶持本村贫困户子女1人就读高职高专	1	3	1	3
	职业技术培训	新建	人	20	计划贫困户劳力20人参加畜牧局举办的新型职业农民培训	105	297	56	149

表4-6 贫困村脱贫摘帽动态监测——景阳村脱贫摘帽"十一有一低于"情况

（2016年7月7日填报）

序号	指标	目标值	现状情况	指标难度分析及达标情况
贫困发生率	贫困村贫困发生率低于3%	45.7%	未达标	帮助贫困户脱贫
有硬化路	有水泥路或沥青路通行政村委会或小学所在地，路基4.5米（含）以上，路面宽3.5米（含）以上	村级路10公里，已完成硬化8公里	未达标	加快施工进度
有水喝	95%以上农户通过打井、引用山泉水、自来水、水窖（水柜）等方式，解决饮水问题	本村有4个自然屯，20户45人未解决饮水问题	未达标	动员群众移民搬迁
有稳固住房	95%以上农户有主体稳固安全、无倒塌危险的住房，人均在13平方米（含）以上（厅堂、厨房、卫生间等生活附属房屋面积计算在内）	全村危房49户，占46.7%	未达标	动员群众移民搬迁及其就地危房改造
有电用	95%以上农户家庭通生活用电	已有85%的农户接通生活用电	未达标	争取农网改造项目解决
有服务设施	行政村村委所在地有办公场所、有宣传栏；行政村内有卫生室、行政村内篮球场或文化室（农家书屋）或戏台等	有	达标	已完成
有电视看	所有自然屯通过无线发射信号、卫星接收设备、有线信号等方式，能收听收看中央或广西的广播电视节目，群众能了解党和国家方针政策及新闻信息	85%农户有电视看	未达标	①接通农网改造用电；②移民搬迁

续表

序号	指标	目标值	现状情况	指标难度分析及达标情况
有网络宽带	行政村村委会所在地或行政村内学校通过有线或无线方式可以上网	全村无	未达标	已上报项目，期待上级下达
有医疗保障	95%以上农户参加新型农村合作医疗保险或城镇居民基本医疗保险	有	达标	已达标
有集体经济收入	行政村有集体企业、土地租赁、经营场地（铺面）租赁、农林牧渔等村集体经济收入；村集体在1个（含）以上农村经济合作组织或扶贫合作组织有股金收入	有	有，但是杯下养殖缺乏资金周转，难以扩大规模	动员更多的贫困户加入，争取更多的扶贫资金，扩大养殖规模
有特色产业	行政村有1项（含）以上产业（包括种、养、乡村旅游、农［副］产品加工等）单个产业，覆盖贫困村30%（含）以上贫困户	有	达标	已达标
有好班子	村"两委"班子能好地履行职责，坚决贯彻民主制度，能履行村"两委"工作制度、能较好完成脱贫攻坚任务	有，但目前交通不便、居住分散	有，但目前交通不便、居住分散	全力以赴，加强基层设施建设和脱贫产业发展，力争早日脱贫

从表4-6可知，精准扶贫战略实施后，对于贫困村和贫困户脱贫摘帽的动态监测更加科学，也更加严格。根据"十一有一低于"各项指标，景阳村只有3项内容达标，1项内容基本达标。基础设施、生活设施及公共服务方面存在较大的不足，需要及时改善。

景阳村驻村工作队通过深入调研，结合景阳村的实际情况，于2016年3月制定了《景阳村脱贫工作措施》。该措施的重点是积极争取并充分利用各级党委、政府资金、政策、项目支持及后盾单位、爱心企业和爱心人士的帮扶，大力发展壮大林下养殖山猪产业，逐步完善产业链，扩大规模形成规模效益，打造"景阳山猪"绿色环保品牌，使下南乡党建示范项目——景阳村林下养殖产业真正落到实处、开花结果，壮大集体经济，帮助村民增收，到2020年贫困村年人均收入达到5000元以上，实现脱贫致富目标。其具体措施包括以下几点。

（1）交通基础设施建设。一是于2016年底建成乡政府所在地到景阳的村级道路，解决整村群众的出行难问题，为林下养殖产品畅通提供保障。二是力争建成景阳村至景阳湾道路，为以后开发打狗河水上旅游奠定基础。

（2）人畜饮水工程。景阳村饮用水源为山泉水，每到干旱季节，便出现缺水现象，每年有2~4个月的缺水时间。计划2016年至2017年利用下南乡政府在J村新建政府周边群众饮水工程的机会，确保景阳村民能够饮用自来水。

（3）林下养殖产业。①加强组织领导，成立产业发展领导小组，发挥林下养殖协会作用，统一规划林下养殖产业。发挥村两委班子的"双带"作用，积极发动、吸纳贫困村民参与产业发展，提供信息、技术、培训、防疫、后勤保障等全方位的支持和服务，确保景阳村林下养殖产业健康、稳定、快速发展。②努力争取党委、政府和社会各界的支持及资金、技术、相关政策扶持，加大投入，扩大规模，提高效益。③坚持统一养殖模式和养殖期限，严格喂料要求。以自繁自养为主，遵循绿色环保理念。养殖品种为野猪与本地黑猪杂交品种，全程放养，喂养不添加化学合成饲料，养殖期长（1年以上），口感好、肉质鲜美。④产业发展思路：以3名村两委干部为核心，村集体注资建设5个母猪繁殖基地，猪苗赊销给贫困村民放养，成品山猪出栏后返还猪苗款给村集体，以此吸引越来越多的贫困村民参与林下养殖。充分利用村民手中的闲散资金，使他们通过诚实劳动脱贫致富，最终达到共同富裕的目的。同时通过发展林下特色养殖产业，壮大集体经济，逐步改善贫困村基础设施及医疗卫生、文化娱乐、生态环境条件，不断改善民生，建设社会主义新农村。⑤发展目标：2016年底山猪存栏达到300~400头；2017年底存栏达1000~1100头，出栏500~700头，为全村人均收入贡献1267~1500元；2018年底存栏达2000~2200头，出栏1000~1200头，村民人均增收3312~3990元；2019年底人均养殖山猪20头以上，出栏2300~2500头，平均增收5702~5980元。

（4）核桃种植业。核桃适应大石山区环境，发展核桃种植产业投入相对较小但收益稳定、长效、持久。缺点是从种植到产出时间太长，只有投入没有产出，8年后才出经济效益，如果其间贫困村民没有其他收入来源，核桃种植很难推广开来并坚持下去。景阳村发展林下养殖山猪产业与核桃种植产业刚好达到相辅相成的效果：核桃种植可以明显改善特色林下养殖环境，促进产业发展；而林下养殖又能为核桃树提供相应的养料，促进核桃生长。且林下养殖经济效益实现快，二者结合能达到以短养长的效果。发展目标：2016年全村核桃种植面积达到800亩。

（5）葡萄种植。景阳村是大石山区，适合种植山葡萄。利用扶贫资金，为贫困户免费赠送葡萄苗，调动贫困户的种植积极性，2016年全村计划种植山葡萄50亩，到2020年全村发展山葡萄200亩。

（6）技术保障。除组织群众参加县直有关部门提供的水果种植、桑蚕养殖、电焊、家政服务、汽车驾驶等技术培训外，争取县畜牧水产局提供到专业技术学校学习家禽、家畜养殖技术名额，组织养殖大户到专业技术学校学习养殖技术，为林下养殖业提供技术支撑，利用养殖大户带动更多群众走上科技种养脱贫道路。

客观来说，上述脱贫工作措施是比较符合景阳村实际的。措施中的第一、二项内容，已经得到落实并正在实施。第三项是该工作措施的中心和重点，也是目前正在实施并取得良好效果的产业。然而，考虑到景阳村林地面积及在村劳动力状况，2018~2019年底山猪存栏数和出栏数的预期目标估计难以实现。第四、五项措施中提出的种植核桃与山葡萄计划，需要投入一定的劳动力，村民缺乏相应的热情，很少响应。

该脱贫工作措施出台不久，景阳村村委会也于2016年4月制定了《环江毛南族自治县下南乡景阳村（贫困村）"十三五"脱贫摘帽行动方案》。该方案是在自治县脱贫攻坚指挥部和相关业务部门的指导下，在原有材料信息的基础上，通过再次深入各屯队，组织召开群众会议，认真听取群众意见，经基础设施、产业开发、整乡推进、公共服务、生态补偿、移民搬迁、资金政策等专责小组反复调研论证编制而成。该方案共包含5个大项目、14个子项目，项目实施结束后，景阳村农民人均纯收入将由2015年底的2800元增加到3000元以上，使景阳村贫困人口实现整体脱贫致富［具体内容参见附录《环江毛南族自治县下南乡景阳村（贫困村）"十三五"脱贫摘帽行动方案（2016）》］。应该说，驻村工作队的脱贫工作措施与景阳村的脱贫摘帽行动方案在指导思想及主要内容上是一致的，是驻村工作队和景阳村"两委"互相交流、互相合作所形成的结果。可以看出，景阳村的脱贫摘帽行动方案主要瞄准整体脱贫的基本目标，在可行性上具有可靠的保证。

按照环江毛南族自治县及下南乡"十三五"脱贫攻坚行动方案，易地搬迁依然成为贫困村和贫困户脱贫摘帽的重要途径。景阳村的情况也是如此，我们在第三章中已经进行了详细的叙述和分析，如表4-7所示。

表 4-7 景阳村无稳固住房解决方案调查

填表日期: 2016 年 10 月 8 日

所在屯	农户编号	家庭人口	识别分数	住房及家庭情况	解决途径	开工时间	竣工时间	建设进度
必京屯	1	3	45	无房，人口 3 人，2 个劳动力	移民搬迁	2016 年 8 月	2016 年 11 月	已做完基础
	2	1	46	无房，人口 1 人，1 个劳动力，外出打工	移民搬迁	2016 年 8 月	2016 年 11 月	已做完基础
	3	1	42	泥瓦危房，人口 1 人，1 个劳动力	危房改造	2016 年 10 月	2016 年 12 月	未动工
	4	2	27	泥瓦危房，人口 2 人，无劳动力	危房改造	2016 年 10 月	2016 年 12 月	未动工
	5	2	48	泥瓦危房，家庭人口 2 人，劳动力 1 人，种养	危房改造	2016 年 10 月	2016 年 12 月	未动工
洞阳屯	6	4	63	泥瓦危房，家庭人口 4 人，劳动力 3 人，外出务工 3 人	移民搬迁	2016 年 8 月	2016 年 11 月	已做完基础
	7	4	54	泥瓦危房，劳动力 2 人，种养，外出务工 1 人	移民搬迁	2016 年 8 月	2016 年 11 月	已做完基础
	8	5	50	泥瓦危房，劳动力 3 人，种养，外出务工 1 人	移民搬迁	2016 年 8 月	2016 年 11 月	已做完基础
	9	3	49	泥瓦危房，劳动力 2 人，种养，外出务工 1 人	移民搬迁	2016 年 8 月	2016 年 11 月	已做完基础
洞往屯	10	2	16	无房，劳动力 1 人，外出务工 1 人	移民搬迁	2016 年 8 月	2016 年 11 月	已做完基础
	11	1	51	泥瓦危房，劳动力 1 人，种养	移民搬迁	2016 年 8 月	2016 年 11 月	已做完基础
	12	4	65	泥瓦危房，劳动力 2 人，种养	移民搬迁	2016 年 8 月	2016 年 11 月	已做完基础
	13	4	65	泥瓦危房，劳动力 2 人，2 人外出务工	移民搬迁	2016 年 8 月	2016 年 11 月	已做完基础

续表

所在屯	农户编号	家庭人口	识别分数	住房及家庭情况	解决途径	开工时间	竣工时间	建设进度
上脑屯	14	1	41	泥瓦危房，劳动力1人、种养	危房改造	2016年9月	2016年12月	准备挖基础
	15	2	43	泥瓦危房，劳动力1人	移民搬迁	2016年8月	2016年11月	已做完基础
	16	2	54	泥瓦危房，劳动力1人、外出务工1人	移民搬迁	2016年8月	2016年11月	已做完基础
	17	1	48	泥瓦危房，劳动力1人	危房改造	2016年9月	2016年12月	准备挖基础
耍向屯	18	4	42	泥瓦危房，劳动力2人、种养	移民搬迁	2016年8月	2016年11月	已做完基础
	19	2	35	泥瓦危房，劳动力2人、种养	明年通路时再危房			
松园屯	20	2	43	泥瓦危房，劳动力2人、外出务工2人	移民搬迁	2016年8月	2016年11月	已做完基础
洞坡屯	21	2	32	泥瓦危房，劳动力2人、1人外出务工	移民搬迁	2016年8月	2016年11月	已做完基础
	22	3	57	危房无房，劳动力2人、2人外出务工	外出打工，实际家庭人口3人，现系统内只有1人，拟增人口数后，移民搬迁到县城			
巴芽屯	23	1	38	泥瓦危房，劳动力2人、外出务工1人	移民搬迁	2016年8月	2016年11月	已做完基础
	24	2	56	泥瓦危房，劳动力2人、外出务工2人	移民搬迁	2016年8月	2016年11月	已做完基础
	25	1	30	泥瓦危房，无劳动力	危房改造	2016年10月	2016年12月	刚动工
	26	4	58	泥瓦危房，劳动力2人、外出务工1人	移民搬迁	2016年8月	2016年11月	已做完基础
	27	2	43	无房，劳动力1人	生有5个孩子，现在县畜牧农场（干叠岭）旧宿舍居住，动员回去和孩子同住			

所在屯	农户编号	家庭人口	识别分数	住房及家庭情况	解决途径	开工时间	竣工时间	建设进度
洞雅屯	28	3	59	泥瓦危房，下落不明	下落不明，拟安排在村校			
	29	5	38	泥瓦危房，劳动力2人、种植业	移民搬迁	2016年8月	2016年11月	已做完基础
上岜屯	30	1	56	泥瓦危房，劳动人1人	拟安排在村校			
上忧屯	31	1	30	泥瓦危房，劳动人1人	拟等明年通车后危房改造			
	32	1	27	泥瓦危房，劳动人1人	拟等明年通车后危房改造			

除了易地搬迁，产业帮扶也是景阳村脱贫摘帽的重要途径。根据《下南乡"十三五"产业发展规划》产业布局，计划在景阳、希远、下塘等3个大石山区村发展林下养殖（山猪、山鸡、山羊等）特色林下产业。景阳村脱贫工作措施及"十三五"脱贫摘帽行动方案，也把发展林下养殖作为景阳村产业帮扶的重点。关于产业帮扶与产业转型，详见下一节内容。

第二节　产业转型与旅游规划

一　林下养殖的发展

滇桂黔石漠化区是我国14个集中连片特困地区之一，也是国家新一轮扶贫开发攻坚战主战场中贫困人口及少数民族人口最多的片区。从20世纪90年代开始，国家开始重点对滇桂黔地区进行石漠化治理。其中，退耕还林是一项十分重要的举措。退耕还林工程始于1999年，最初在四川、陕西、甘肃三省开展试点，2002年国务院西部开发办公室召开退耕还林工作电视电话会议，确定全面启动退耕还林工程，范围涉及全国20多个省（区、市）1800多个县（市、区、旗），是迄今为止我国政策性最强、投资量最大、涉及面最广、群众参与程度最高的一项生态建设工程。环江毛南族自治县于 2000 年起开始实施退耕还林政策，截至 2014 年景阳村共退耕地面积 1320 亩，只余 433 亩旱地用于玉米、黄豆及红薯种植，以补充家庭养殖所需要饲料。退耕还林后，村民经济来源主要依靠退耕还林和生态自然林补贴、家庭养殖及外出务工，虽然可以满足基本的生活需要，但是距离小康标准尚较大的差距，全村半数左右居民没有摆脱贫困的状态。因此，寻找新的经济增长点，实现产业转型，成为景阳村贫困治理的关键。

在实施易地搬迁的同时，如何利用山区资源优势发展新型农村产业，引起了景阳村干部群众及帮扶机构的思考。处于大石山区的景阳村在自然条件方面存在不可克服的缺点，山多地少、土瘠地薄、水源缺乏，加之基础设施薄弱，公共服务落后，从事传统农业生产的局限难以突破。然而，全村拥有近 4 万亩生态公益林和 1300 余亩退耕还林，适合大力发展林下养殖产业和核桃种植产业。为此，景阳村两委干部发挥了带头作用。其中，出生于 1980 年的谭道远可谓景阳村脱贫致富能手。他初中毕业，曾经读过几年的函授大专，2005 年被选举为村委会副主任，连任两届；2011 年被选举为村委会主任，连任两届。谭道远考虑到山区退耕还林后，林下杂草丛生，适合发展林下养殖，他听说野猪野性大，适合放养，于是在 2010 年想法弄来一头公野猪，与本地黑母猪进行杂交，把产下的小猪置于山上林下放养，依托独特的林下资源优势，辅以人工喂养牧草、玉米粉、米糠和各类蔬菜等，饲养周期控制在

15~18个月。因不投放饲料，该猪肉质结实，嫩而不腻，味道鲜美，按市场价活猪每斤25元，每头猪100~150斤计算，每头猪收入可达2500元以上，纯利润可达30%（即750元）左右。因此，林下山猪养殖可发展成为新型特色养殖业。

2012年，景阳村被列入广西壮族自治区3000个扶贫开发整村推进贫困村。为了帮助这个贫困山村实现整体脱贫，自治区公安厅交警总队成为景阳村定点扶贫联系单位。2013年3月，驻村工作队及第一书记进入景阳村开展工作。在上级政府的领导下，景阳村两委及驻村工作队根据景阳村实际，决定把发展林下养殖产业、打造"景阳山猪"品牌，实现村民增收、富民强村作为景阳村脱贫致富、建设社会主义新农村的发展思路，明确提出今后几年景阳村发展林下养殖产业的目标、设想，即成立林下养殖协会，发挥村两委干部、党员的模范带头作用，创先争优，以点带面，动员贫困村民普遍参与养殖产业，劳动致富，壮大集体经济，增加农民收入，努力完成扶贫开发整村推进目标，建设社会主义新农村。在自治区公安厅交警总队的全力支持下，筹集到社会帮扶资金80余万元，建立起3个母猪繁殖基地，景阳村的林下养殖产业开始发展起来。

最初从事林下山猪养殖的景阳村民有10户，其中村干部发挥了积极的模范带头作用。作为林下养殖开创者和带头人的村委会主任，谭道远建立了母猪繁殖基地和山猪养殖场，不仅带动村民发展林下养殖，自家的收入也逐年提高，2015 年前后就和几户村民在下南社区购买土地盖了三层高的新楼房，其家庭收入 2016 年大约10 万元。村党支部书记谭联汉也是林下养殖的带头人，他最初养了 6 头母猪作为繁殖基地，对于家庭困难的农户则借猪崽给他们养，出栏后再还钱。截至 2016 年 10月，村支书家的养殖场存栏 35 头，刚卖了 5 头大猪、20 头猪崽。村支书全家 5 口人，林下养殖方面的收入约2 万元。

林下养殖给景阳村群众带来新的希望，一些外出打工的村民纷纷返乡，加入林下养殖事业。2013 年，下南乡被确定为自治县开发扶贫"整乡推进"示范区并于 2014年开始建设实施，其中产业带动工程是项目区建设中提高群众收入的重要举措。为使全乡 18000 余名群众在"整乡

图 4-1　景阳村林下养殖的山猪

（景阳村干部提供）

推进"过程中脱贫致富，与全国全县各族人民共同实现小康，乡政府在深入各村屯开展专项调研，组织群众研讨、聘请专家出谋划策的基础上，制定了"十三五"期间（重点从 2016 年到 2018 年的脱贫攻坚阶段）全乡产业发展规划。其指导思想为：在稳定传统菜牛产业的基础上发展新的特色产业，加快全乡产业结构的调整升级，合理配置空间资源，优化产业布局，提高产业竞争力，加速全乡传统农业向现代农业转变，促进全乡经济社会可持续发展。[①]景阳村的林下养殖业被列入下南乡"十三五"期间全乡产业发展规划，并提出成立景阳村林下养殖专业合作社，重点发展山猪养殖产业。

按照下南乡产业发展规划部署，为使林下养殖健康持续地发展，景阳村两委积极探索实践和借鉴企业集中经营、规模发展、统一管理的模式，于 2013 年组织养殖户成立了"景阳山猪养殖专业合作社"，由村委会主任谭道远任合作社理事长。2014 年，合作社注册了"环香牌"生态养殖商标，树立了自己的品牌。合作社社员由最初的 21 户增加到 2017 年初的 35 户，业务范围为山猪、土鸡、山羊的养殖、销售。合作社章程规定：养殖户必须做到本地自繁自养及"四统一"——利用林下洞场统一天然放养，统一牧草、玉米粉等天然喂料，统一养殖期限 12 个月以上，以合作社名义统一对外销售。并规定存在喂养化学添加剂、假冒合作社山猪等情况的社员将被

---

① 下南乡人民政府：《下南乡"十三五"产业发展规划》，2016 年 1 月 18 日。

合作社开除，并根据造成影响的大小扣除1000元至5000元不等的入社股金，以此确保山猪天然、绿色品质。合作社不定期组织兽医等技术人员上门开展疫病防治和养殖技术传授活动，组织社员参加养殖技术培训，并给予社员资金帮扶、给予贫困户山猪苗赊销。截至2015年，已建立了洞平屯、洞坡屯、下必京屯、洞阳屯等13个林下经济示范点。全村出栏山猪300余头，养殖收入60余万元，贫困村人均增收400余元。截至2016年底，合作社总资产为300万元，存栏肉猪1300余头，年总销售额450万元，年分红额52万元。"环香牌"山猪这一品牌逐渐打响，景阳村山猪肉远销区内外。景阳村"村两委带动+合作社统管+产品统销"的造血扶贫模式，也在环江毛南族自治县得到推广。

图4-2 景阳山猪养殖专业合作社

在发展林下山猪养殖的同时，以村计生专干（2017年任景阳村妇女主任）谭柳怀为代表的部分村民又尝试林下养殖土鸡。谭柳怀具有中专学历，2014年开始办山鸡养殖场，投资5万元，主要用于基础设施建设，养殖场面积达100余平方米，截至2016年10月仍在后期扩建，又相继投入五六万元。养殖场从2015年开始有收入，每年收入2万~3万元。销售渠道主要是亲人、朋友、市场。养殖场主要孵化小鸡，卖给村民养殖。截至2016年10月，谭柳怀的养殖场有300余只鸡鸭及二十余头山猪。在她的带动下，全村已有20余户养殖土鸡，养殖规模从二三十只至百余只均有。

图4-3 景阳村林下养殖的土鸡和小山猪

（景阳村干部提供）

根据 60 份农户问卷的统计结果，可以了解景阳村产业发展的一些情况，（见表 4-8 至表 4-14）。

从表 4-8 可知，回答帮扶产业类型的受访户比例为 38.3%，他们都从事养殖业，应该是山猪和山鸡的林下养殖。

表 4-8　景阳村帮扶产业类型调查统计

单位：户，%

项目	频率	有效百分比
空白	37	61.7
养殖业	23	38.3
合计	60	100.0

从表 4-9 可以看出，回答问题的受访户大多是 2015 年和 2016 年开始从事养殖业的。换句话说，2015~2016 年也是景阳村林下养殖业形成初步规模的时期。

表 4-9　景阳村开始从事养殖业时间

单位：户，%

年份	频率	有效百分比
空白	37	61.7
2014	2	3.3
2015	6	10.0
2016	14	23.3
2017	1	1.7
合计	60	100.0

从表 4-10 可以看出，回答问题的受访户所得到的扶持方式以资金扶持为主。根据访谈，驻村工作队于 2016 年曾利用石漠化治理项目，为群众修建了 30 个牛（猪）栏，面积近 1000 平方米，此应为资金扶持的方式。

表 4-10　景阳村受访户扶持方式统计

单位：户，%

类型	频率	有效百分比
空白	39	65.0
资金扶持	20	33.3
产业化带动	1	1.7
合计	60	100.0

从表 4-11 可以看出，回答问题的受访户都不同程度地投入了资金。其中，自筹资金在 5000 元及以下的比例为 16.7%；自筹资金在 5001~10000 元的比例为 10.0%；自筹资金在 10001 元及以上的比例为 8.3%。

表 4-11　景阳村受访户自筹资金统计

金额（元）	频率（户）	百分比（%）
5000 及以下	10	16.7
5001~10000	6	10.0
10001 及以上	5	8.3
合计	21	35.0
缺失	39	65.0
合计	60	100.0

从表4–12可以看出，回答问题的受访户获得扶持资金的数额大多在2001元及以上。

表4–12 景阳村受访户获得扶持资金统计

金额（元）	频率（户）	百分比（%）
1000及以下	2	3.3
1001~2000	3	5.0
2001及以上	18	30.0
合计	23	38.3
缺失	37	61.7
合计	60	100.0

从表4–13可以看出，回答问题的受访户对项目效果非常满意的比例为1.7%；对项目效果比较满意的比例为15.0%；认为项目效果一般的比例为15.0%。按照当地语言表达习惯，"一般"的评价并非意味着否定或不认可。关于景阳村产业帮扶的情况如表4–14所示。

表4–13 景阳村受访户对项目效果评价统计

单位：户，%

类型	频率	有效百分比
空白	41	68.3
非常满意	1	1.7
比较满意	9	15.0
一般	9	15.0
合计	60	100.0

表 4-14 景阳村 2016 年脱贫攻坚产业帮扶项目（物资）发放统计

| 屯名 | 农户编号 | 项目名称 | 物资 | | | | 先建后补：现金（元） |
			单位	数量	单价（元）	折合补助资金（元）	
上脑	1	母黄牛	头	2	2500	2500	5000
	2	山羊	只	20	400	8000	5000
		母黄牛	头	2	2500	5000	
		母山猪	头	3	800	2400	
	3	母黄牛	头	2	2500	5000	5000
上忙	4	山羊	只	30	400	12000	5000
	5	母黄牛	头	2	2500	5000	5000
松园	6	母山猪	头	4	800	3200	5000
		母黄牛	头	1	2500	2500	
要向	7	羊	只	40	400	16000	5000
	8	牛栏	平方米	28	100	2800	5000
		母黄牛	头	1	2500	2500	
洞坡	9	鸡	只	30	20	600	5000
		母山猪	头	8	800	6400	
	10	羊	只	10	400	4000	5000
		母黄牛	头	1	2500	2500	
必京	11	猪栏	平方米	20	100	2000	2000
	12	猪栏	平方米	20	100	2000	5000
		母猪	头	2	800	1600	
		鸡	羽	70	20	1400	
	13	猪栏	平方米	48	100	4800	5000
		母猪	头	1	800	800	
	14	鸡	羽	20	20	400	2325
		鸡舍	平方米	19.25	100	1925	
	15	鸡	羽	200	20	4000	5000
		鸡舍	平方米	100	100	10000	
	16	母黄牛	头	1	2500	2500	5000
		牛栏	平方米	28	100	2800	
洞平	17	猪栏	平方米	80	100	8000	5000
		母猪	头	4	800	3200	

屯名	农户编号	项目名称	物资				先建后补：现金（元）
			单位	数量	单价（元）	折合补助资金（元）	
洞任	18	母猪	头	4	800	3200	5000
		母黄牛	头	1	2500	2500	
	19	猪栏	平方米	28	100	2800	3600
		母猪	头	1	800	800	
	20	母黄牛	头	2	2500	5000	5000
	21	山羊	只	10	400	4000	5000
		母黄牛	头	1	2500	2500	
	22	母黄牛	头	1	2500	2500	2500
	23	母黄牛	头	1	2500	2500	5000
		山羊	只	10	400	4000	
洞诣	24	母黄牛	头	2	2500	5000	5000
		母猪	头	1	800	800	
洞阳	25	母猪	头	8	800	64000	5000
	26	母黄牛	头	1	2500	2500	2500
	27	母猪	头	2	800	1600	1600
	28	山羊	只	18	400	7200	5000
		牛舍	平方米	28	100	2800	
	29	山羊	只	10	400	4000	5000
		母猪	头	2	800	1600	
	30	桑蚕	亩	3	2000	6000	5000
	31	山羊	只	10	400	4000	5000
		母黄牛	头	1	2500	2500	
巴芽	32	甘蔗	亩	7	1000	7000	5000
合计	32	—	—	—	—	—	—

总之，景阳村的林下养殖经过几年的发展，已经成为村庄的新型产业和村民脱贫致富的重要途径，"景阳山猪"逐渐成为毛南山乡的一个特色产品，有望实现扶贫攻坚"一村一品"。尽管景阳村的绝大多数农户已经和即将实

施易地搬迁，但是他们主要安置在乡政府周围，没有离开土生土长的乡村，农业依然是他们的主要生计和依赖。特别是在乡村振兴的浪潮中，农村的产业转型无疑具有重要的意义。不过，景阳村的产业转型也面临很大的困境。第一，如何使林下养殖的山猪获得地理标示产品的认证和保护。2015 年通过环江毛南族自治县及河池市农业局，把景阳山猪送到自治区验证，获得绿色环保标志。然而，由于规模和销量的限制，景阳山猪的知名度有待提高。第二，如何使景阳山猪养殖规模化，以扩大品牌影响力。受林地资源承载力的限制，特色养殖规模不可能无限扩大。如果将合作社范围扩大到其他村，就有可能进一步扩大规模。可能要学习其他成熟经验，走"公司＋农户＋基地＋养殖"的模式。第三，由于山猪饲养周期长、放养运动量大、出肉率低，尽管肉质鲜美，但养殖成本很高，需要投入大量资金才能扩大规模，在价格方面也没有优势，活猪价格每斤 20~25 元，猪肉每斤 40 元，比家猪要高不少，所以市场接受度有待进一步提高，需要在管理和销售上继续努力。第四，单一产业不可避免地存在脆弱性和风险性，虽然林下养殖可发展成为景阳村的新型产业，但要带动全体村民投入林下养殖存在较大局限，必须寻求多样化的产业发展。

二 乡村旅游规划

景阳村位于下南乡政府前往景阳湾的必经之路上，从下南乡政府前往景阳湾十几公里的路途中，喀斯特岩溶地貌层峦叠嶂，峰丛林立，树木繁茂，风光十分秀美，景阳村各屯就分布于这一路美景中。不仅如此，景阳村还具有一些独特的自然景观和文化景观。

首先，景阳村部分村民易地搬迁后，原来的旧居还有保留，多为毛南族传统干栏式民居，使村落古貌犹存。这些民居多为砖瓦木石结构，大多年久失修，如果在保留传统建筑特色的基础上进行维护改造，将焕发民族文化的魅力和民宿旅游的活力。住在群山环绕的山村里，天、地、人融为一体，十分的和谐安逸。留宿村内游客可以领略毛南族传统的饮食、服饰、游戏、生产、传说等，获得物质和精神双重享受。

其次，景阳村及周边有两个较为神奇的岩洞，可以开发为旅游景点。一个位于进村的坳口上，是2016年底对波川村至景阳村的公路实行升级改造时发现的。岩洞里有古生物化石的溶洞，很大很深，因封洞而没有全部探测清楚。村干部计划在公路改造完成后，作为村庄的旅游资源进行开发。另一个岩洞位于村内，据说是一个神岩，随着景阳村公路的改造升级，2017年春节前后已有几百人到岩洞处拜祭。

再次，景阳村有近4万亩生态公益林，天然氧吧使人心旷神怡，是都市人休闲养生的好去处。

又次，景阳湾的风光令人心醉神往。以往由于景阳村洞阳屯至景阳湾的4公里路程没有通公路，村民只能步行来往，外人亦难窥这一路风光。2013年批准的下南乡扶贫开发"整乡推进"项目规划中，包括一项乡政府驻地及周边村屯集中供水、农业灌溉工程项目，总投资估算3816万元，规划从距离下南乡14公里处的景阳湾提水，解决下南乡政府驻地及周边居民1.3万人饮水问题。该提水工程项目于2014年由环江毛南族自治县人大代表作为议案提交全国"两会"讨论，议案转交广西区人民政府督查室督办。经多方勘察研究，该项目获得批准实施。2016年，由洞阳屯至景阳湾的公路开始动工，至2017年9月已经修通砂石路，进入铺设水泥路面阶段。其间的1年中，已经有2000余人通过景阳村到景阳湾观光游览。

景阳村独特的旅游资源引起了村干部和村民的重视。如果对之进行保护性开发建设，整个村庄极具发展文化休闲旅游的潜力。考虑到林下养殖在规模上受到一定限制，景阳村两委及驻村工作队计划同时发展文化休闲旅游项目，努力振兴景阳村经济。特别是随着下南乡政府所在地至景阳湾道路全线贯通，景阳村的交通条件得到进一步改善，给景阳村的休闲旅游带来希望。2017年，景阳村两委及山猪养殖合作社骨干，多次前往县境内的旅游景点进行考察，希望能够学习有用的措施和经验，运用到景阳村的文化休闲旅游发展项目中。他们计划成立旅游合作社，自主开发经营。

总之，随着林下养殖的发展，景阳村的知名度不断提高。景阳湾公路开始动工后，景阳村两委及合作社骨干就十分重视利用景阳湾资源，将景阳湾与景阳山猪结合起来推广，生态旅游和林下养殖互相促进、发展。当然，文化休闲旅游项目对于景阳村来说，还只是处于设想阶段。要真正实施，会面临诸多困难和问题。如果自主开发经营，景阳村的大部分人口已经易地搬迁，他们是否愿意回来投资，如何保持他们在景阳村的发展热情，人才缺乏的问题还体现在年龄结构上，截至2016年10月，景阳村的常住人口为130~150人，以50岁以上人口居多，少数40多岁，年轻人数量非常少。此外，虽然波川村至景阳村的公路于2016年底开始升级改造，铺设水泥路面，加宽路面，部分路段加装护栏，险峻的坳口路段也进行改道。不过，因路面较窄，大客车、越野车、大货车进村依旧困难。特别是会车时会十分危险和困难。所以，景阳村旅游只能从乡政府驻地开始安排旅游车进村，外来车辆停在乡政府所在地或山下。

综上所述，景阳村两委及合作社振兴乡村的思路是较为清晰的，即在发展林下特色养殖的同时，开发乡村文化休闲旅游，使石山变成金山，从而带动景阳村民摆脱贫困，实现建成小康社会的目标。

结　语

从脱贫走向振兴——毛南山乡的愿景

环江毛南族自治县是中国唯一的毛南族自治县，是全国 14 个集中连片特困地区之一——滇桂黔石漠化区的组成部分，是广西 28 个新时期国家扶贫开发工作重点县之一。县域西南部的下南乡是中国人口较少的民族之一——毛南族的世居发祥地和主要聚居区，毛南族人口占全乡总人口的 98% 以上。受喀斯特岩溶地貌自然条件的限制，该乡经济发展缓慢，人民生活水平受到很大的影响，2015 年全乡 11 村（社区）中有 7 个是贫困村。其中，地处大石山区的景阳村虽然人口不多，但是贫困人口超过全村总人口的 50%，贫困人口比例在全乡排在第一位，是中国西南石漠化片区贫困村的典型代表，具有贫困面大，贫困程度深、脱贫难、返贫易的特点。深度贫困与多维贫困结合，使之成为扶贫工作中难啃的硬骨头。

20 世纪 50 年代以来，环江县的党政领导部门十分关注大石山区群众的生产和生活，努力探索贫困治理的路径和方法。其中，易地搬迁成为最重要的途径，并取得了显著的成效，其扶贫开发与异地安置相结合的模式，对全国的易地搬迁具有典型意义。毛南族聚居的下南乡是易地搬迁的重点地区，越来越多的贫困人口从大山中迁移出来，走上脱贫致富的道路。在各个时期的易地搬迁活动中，景阳村村民都积极响应、参与，特别是随着精准扶贫战略的实施，绝大部分村民都报名参加了易地搬迁，留居在老村的农户寥寥无几。与此同时，地方党政领导部门和广大干部群众也在努力探索产业发展的道路。从 2014 年开始，环江毛南族自治县将下南乡列为开发扶贫"整乡推进"项目区建设乡镇，其中产业带动工程是项目区建设中提高群众收入的重要举措。景阳村党支部和村委会更是走在前面，从 2010 年起开始尝试林下养殖山猪，并在各级领导部门、驻村工作队和社会的帮扶、关心和支持下，逐步发展起林下特色养殖产业，带动了这个贫困山村的产业转型，给其脱贫致富带来新的希望。不仅如此，景阳村"两委"及驻村工作队还考虑利用景阳村丰富的旅游资源，进一步规划乡村休闲旅游发展蓝图。这些设想和举措，将会使易地搬迁后逐渐寂静无声的景阳村，重新焕发生机，使大石山区的贫困村实现从脱贫到振兴的飞跃。

总体而言，景阳村党支部、村委会及合作社振兴乡村的思路是较为清晰的，即在发展林下特色养殖的同时，开发乡村休闲旅游，使石山变成金山，从而带动景阳村村民摆脱贫困，实现建成小康社会的目标。事实上，景阳村的精准扶贫工作的确取得了显著的成效；2016 年，景阳村实现脱贫摘帽 14 户 44 人；2017 年，景阳村实现脱贫摘帽 4 户 10 人；2018 年，景阳村实现脱贫摘帽 24 户 65 人；2019 年，全村计划实现整体脱贫摘帽。概括起来，景阳村扶贫脱贫工作的经验主要有以下几点：党的领导、政府主导、社会帮扶、群众自觉、能人带动。然而必须看到，景阳村的贫困状态是在长期的历史过程中形成的，实现村庄的脱贫与振兴不可能一蹴而就。在当前的形势下，景阳村的脱贫攻坚工作面临不少的困难和问题。从长远来看，基础设施薄弱、公共服务落后、人才缺乏是制约景阳村发展的根本因素。在减贫工作不断取得成效的同时，灾害、疾病或其他因素导致的返贫现象从未消失。因此，提高贫困者的自我发展能力尤为重要。特别是在乡村振兴计划中，当地居民的主动性和能动性居十分重要的地位。景阳村未来面临的挑战，可能更多地是来自人才、管理、市场、资源、利益等方面。随着易地搬迁的实施，景阳村群众绝大部分已经穿插居住在下南乡其他行政村内，给组织管理带来了难度，也给回村发展新型产业增加了时间和精力上的成本，这些也是未来发展可能面临的困境。

　　无论从贫困特征和贫困成因，还是从反贫困措施和实践来看，景阳村在西南石漠化片区具有代表性和典型性，同时具有一定的普遍意义。景阳村案例可以折射出贫困治理研究中所重点讨论的问题，即贫困及其特征是什么，致贫的因素有哪些，反贫困的实践、经验与贫困治理的成效及其评价，等等。此外，还涉及目前我国农村发展的一个重大主题——乡村振兴。对于乡村振兴的概念和内涵，学术界尚处于探讨中，各种观点层出不穷。什么是乡村振兴，我们认为它不仅仅是经济振兴，还应该包含文化振兴、社会振兴、生态振兴等诸多方面的内容。然而，目前我们看到的许多例子，往往是最大限度地追求经济利益，特别是市场化运营的乡村旅游发展模式，已经在很大程度上对民族文化乃至社会组织产生了解构作用。景阳村需要通过怎样的发展路径，才可以避免走这样的弯路，这对地方政府和景阳村干部群众来说是一个巨大考验。我们相信，在全面建成小康社会及中华民族伟大复兴的进程中，千千万万个像景阳村一样的贫困山村，一定能够实现从脱贫到振兴的美好愿景。

附　录

环江毛南族自治县打赢"十三五"脱贫攻坚战行动方案

为全面落实中央、自治区以及河池市开发扶贫工作战略部署，根据《中共中央国务院关于打赢脱贫攻坚战的决定》、《中共广西壮族自治区委员会关于贯彻落实中央扶贫开发工作重大决策部署坚决打赢"十三五"脱贫攻坚战的决定》和《中共河池市委员会河池市人民政府关于贯彻落实中央和自治区扶贫开发工作重大决策部署坚决打赢"十三五"脱贫攻坚战的实施意见》以及贫困县、贫困村、贫困户的验收标准等文件精神，结合环江实际，特制自治县打赢"十三五"脱贫攻坚战行动方案。

一 总体要求

（一）指导思想

全面贯彻落实党的十八大和十八届三中、四中、五中全会精神，以邓小平理论、"三个代表"重要思想、科学发展观为指导，深入贯彻习近平总书记系列重要讲话精神，紧紧围绕"四个全面"战略布局，贯彻落实创新、协调、绿色、开放、共享的发展理念，坚持精准扶贫、精准脱贫基本方略，构建扶贫生态移民搬迁、整乡（村）推进脱贫、产业开发扶贫、旅游开发扶贫和基础设施建设五位一体工作格局，以 60 个贫困村为主战场，以 6.66 万农村贫困人口为主攻对象，实施脱贫攻坚"七个一批"行动，坚决打赢脱贫攻坚战。

（二）基本原则

1. 坚持政府主导，社会参与。各级党委、政府加大工作力度，严格执行脱贫攻坚"一把手"负责制，推动行业部门履行扶贫开发职责，强化社会协同协作，构建专项扶贫、行业扶贫、社会扶贫互为补充的大扶贫格局。

2. 坚持精准扶贫，精准脱贫。按照"规划到村、帮扶到户、责任到人"的工作思路，落实扶贫对象、项目安排、资金使用、措施到户、因村派人、脱贫成效"六个精准"的要求，做到扶真贫、真扶贫、真脱贫，使脱贫更加有效、更可持续。

3. 坚持创新发展，完善机制。认真总结开发扶贫工作经验，积极探索脱贫攻坚新思路、新举措，建立脱贫攻坚责任落实、考核激励、挂钩帮扶等机制，提高扶贫工作成效。

4. 坚持自力更生，艰苦奋斗。坚持开发式扶贫，注重扶贫先扶智。坚持群众主体，用好国家和自治区扶持政策，激发贫困地区和贫困人口自我脱贫的内生动力，增强自我发展能力，破除"等、靠、要"思想。

5. 坚持突出重点，分类指导。把贫困人口相对集中的区域作为脱贫攻坚的重点，加大帮扶力度。对有劳动力的贫困农户实行因户施策，通过扶持发展生产、转移就业等途径，实现增收脱贫。对没有劳动力的贫困农户，通过政策性保障兜底脱贫。

6.坚持连片推进，帮扶到户。以推动经济薄弱区域加快发展和低收入农户增收脱贫为目标，制定实施脱贫攻坚规划和年度计划，强化整乡整村推进，做到帮扶任务、项目、措施进村入户。

（三）主要目标任务

贫困村农民人均可支配收入增幅均高于全区平均水平，基本公共服务主要领域指标接近全区平均水平。

1.贫困村脱贫任务。全县精准识别出来的"十三五" 60 个贫困村，力争 2016 年有 17 个贫困村实现脱贫摘帽、2017 年有 20 个贫困村实现脱贫摘帽、2018年有 23 个贫困村实现脱贫摘帽（各乡镇年度任务详见附件 1）。

2.贫困人口脱贫任务。全县精准识别出来的 2015 年底农村贫困人口 6.66 万人，力争全县 2016 年减贫 18838人、2017 年减贫 17671 人、2018 年减贫 17202 人、2019年全县减贫 12895 人，贫困村贫困发生率低于 4%（各乡镇任务详见附件 2）。

3.贫困县实现"一低四通五有"脱帽目标。"一低"： 2018 年努力实现全县农村贫困发生率低于 4%；"四通"：所有行政村通硬化路、农户家庭通电、农户家庭通广播电视信号、行政村通网络宽带；"五有"：全县有 2~5 个特色优势产业、贫困村有公共服务设施、农户有饮用水、农户有新农合医疗保障、符合条件的农户有低保；按市委、市政府要求，2018年实现贫困县脱贫摘帽。

4.贫困村实现"四有四通三解决"脱帽目标。努力实现年度脱帽的贫困村"四有"：有合作组织、有特色富民产业、有公共服务设施（场所）、有好的领导班子；"四通"：具备条件的20户以上自然屯实现通电、通路、通广播电视、通宽带网；"三解决"：解决饮水问题、解决贫困户无房或危房问题、基本解决贫困户新型农村合作医疗参保问题。

5.贫困户实现"八有一超"脱贫目标：努力实现年度脱贫的贫困户有稳固住房、有饮用水、有电用、有路通自然屯、有义务教育保障、有医疗保障、有电视看、有收入来源或最低生活保障，指家庭人均纯收入超过国家扶贫标准。

二 精准识别贫困对象

（一）开展精准识别"回头看"。采用"一进二看三算四比五议"方法，按照"两入户、两评议、两公示、两审核、一公告"程序，自下而上对贫困村所有农户、非贫困村在册贫困户和新申请贫困户进行精准识别，对识别出来的贫困村、贫困户，逐村逐户建档立卡登记、录入数据库，并对基本情况和发展需求信息进行精准分类，确保精准识别到村到户到人。

（二）因村因户因人施策。突出问题导向，创新扶贫开发路径，找准致贫原因、脱贫需求，实行差异化、精细化、"滴灌式"帮扶，做到一村一策、一屯一计、一户一方，确保项目、资金、力量精准帮扶到位。

（三）建立大数据动态管理平台。建立数据集中、服务下延、互联互通、信息共享的扶贫大数据管理平台。加强扶贫信息队伍建设，各乡（镇）、村配备信息员，定期进行全面核查和信息更新，实行有进有出的动态管理。建立脱贫村、脱贫户退出识别机制，明确标准、程序和后续扶持政策，每年精准识别脱贫村、脱贫户，防止发生"被脱帽""被脱贫"现象。

（四）充分运用精准识别成果。依据扶贫大数据平台信息，实行精准识别结果与精准帮扶挂钩，贫困村（屯）、贫困户建档立卡与扶持政策相衔接，扶贫措施与脱贫需求相对应，对贫困村（屯）、贫困户进行分类，制定帮扶措施，为精准认定、精准扶持、精准管理、精准考核、精准脱贫提供强有力的信息技术支撑。

三　实施"七个一批"脱贫行动

（一）实施"产业发展脱贫一批"行动。对有发展条件和劳动能力的贫困人口，通过实施产业发展与扶贫开发"8310"工程，扶持年度脱贫的贫困户发展核桃、蔗糖、桑蚕、林业、特色水果、中草药、香猪、菜牛等特色产业或因地制宜选择短、平、快脱贫产业项目，千方百计增加贫困群众经营收入；突出培育发展特色优势产业，每个乡镇重点培育 1~3 个对贫困村贫困户覆盖面广的特色产业。积极培育种养大户、家庭农场、农民合作社等新型农业经营主体，每个特色产业引进培育 1~2 个龙头企业，特色产业覆盖到的贫困村组建 1~2 个农民合作社，引导贫困户积极参与，确保贫困户都有合作社或龙头企业带动。对吸纳贫困户参与经营、带动增收效果好的龙头企业、种养大户、农民合作社，在预算安排、资金补助、贷款贴息、良种良法、品牌建设、基础设施建设等方面给予支持。大力发展乡村旅游，实施旅游富民工程，引导社会资金投入乡村旅游开发扶贫，加强民族村寨建设和保护，支持发展民族民俗文化、农家乐、生态农业等特色乡村旅游业态，打造一批旅游开发扶贫示范点，通过旅游扶贫带动一批贫困人口脱贫。大力发展农产品、林产品、民族工艺品等加工产业，推行"公司＋基地＋合作社＋农户"等经营模式，引导贫困农户以土（林）地承包经营权等多种方式入股参与现代农业生产，参与企业分红，实现村村有增收产业、户户有发展项目，带动全县农村贫困人口脱贫致富。

（自治县扶贫开发领导小组产业开发专责小组和乡镇战地指挥部组织实施）

（二）实施"转移就业脱贫一批"行动。加大对农村贫困人口的就业帮扶力度，通过就地转移就业或外出务工实现稳定脱贫。建立完善职业培训、就业创业服务、劳动维权"三位一体"的工作机制。鼓励和引导农村贫困劳动力有序向非农产业和城镇转移，促进就地就近就业、返乡创业。整合培训资源，开展订单、订岗、定向、菜单式培训，推进培训、鉴定、输转一体化。争取政策支持，免费对贫困劳动力开展精准培训，对务工青年开展就业技能培训，对在岗务工人员开展岗位技能提升培训，对具备一定创业条件的人员开展创业培训，加强对创业和技能带头人的示范培训。通过不同形式转移就业，拓宽贫困户增收渠道。

（自治县扶贫开发领导小组公共服务专责小组和乡镇战地指挥部组织实施）

（三）实施"搬迁移民脱贫一批"行动。坚持把移民搬迁安置与经济社会发展同步谋划、与特色城镇同步建设、与整合政策资源同步深化、与民生保障提升同步推进，创造移民搬迁与新型城镇化、现代产业深度融合发展新模式。坚持以集中安置为主和分散安置为辅的方式，做好安置点建设规划设计和政策扶持工作，在县城、园区（旅游区）和乡镇建设移民集中安置新城、新区、新村，重点对"一方水土养不活一方人"的贫困地区实施易地搬迁发展。加强扶贫移民后续产业发展、就业帮扶。落实搬迁户建房优惠贷款政策，对搬迁户实行差异化补助，提高对特困户建房补助标准；对移民搬迁后转为城镇居民的，纳入城镇就业保障体系，与当地城镇居民享有同等的教育、医疗卫生、社会保险、社会救助、社会福利和慈善等社会保障政策；对移民搬迁后仍保留农村户籍的，制定完善后续扶持政策，移民在原住地享受的最低生活保障、医疗救助、新农合补助、养老保险等政策保持不变。扩大政府采购公益服务岗位范围，拓宽就业渠道，确保每户至少有一人就业，消除移民搬迁家庭"零就业"现象。确保移民群众搬得出、稳得住、可发展、能致富。

（自治县扶贫开发领导小组移民搬迁专责小组和乡镇战地指挥部组织实施）

（四）实施"生态补偿脱贫一批"行动。对生存条件差但生态系统重要、需要保护修复的贫困区域，结合生态环境保护和治理，积极探索一条生态脱贫新路子。一是林业产业扶持。扶持贫困农户松、杉等优质高产林建设。二是木本油料林产业扶持。扶持贫困农户核桃、油茶等优质高产木本粮油产业发展，引导和扶持贫困户核桃林下间种农作物。三是引导和扶持贫困户实施新一轮退耕还林、珠江防护林、石漠化综合治理、造林补贴、森林抚育补贴、油茶造林和低产林改造、坡耕地综合治理等重点生态工程项目建设，提高贫困人口参与度和受益水平。四是引导贫困农户申报和实施林果、林菌、林药、林菜、林禽、林畜、林蜂等林下经济复合经营项目。五是鼓励贫困农户参加森林保险，从而减轻贫困农户因森林灾害受到的损失。六是引导扶持贫困农户实施农村能源项目建设。七是搞好贫困区域公益林管护工作，优先安排有劳动能力的部分贫困人口就地转为护林员等生态保护人员。八是积极申报文雅自然保护区升格为自治区或国家森林公园，促进森林旅游业发展，使周边贫困农户投入服务业。

（自治县扶贫开发领导小组产业开发专责小组和乡镇战地指挥部组织实施）

（五）实施"教育扶智脱贫一批"行动。全面落实教育扶贫优惠政策，对建档立卡贫困户入学子女落实教育补助政策；开展贫困家庭子女、未升学初高中毕业生、农民工免费接受职业技能培训，帮助贫困群众提高基本文化素质、身体素质和劳动者技术技能、就业能力，坚决阻止贫困现象代际相传。深入实施扶贫"雨露计划"工程，免除贫困家庭高中生学杂费，实现12年免费教育。实施"全面改薄"工程，全面改善贫困区域义务教育学校基本办学条件和基本生活条件。抓好广东对口帮扶职业教育协作工作；开展对贫困群众实用技术培训，确保农村贫困家庭户均掌握1门以上致富技能；充分利用职业培训中心、职业中学、职业介绍所等对农村贫困劳动力分类开展技能培训，有效提高农村劳动力就业技能，通过教育培训扶持等方式，为贫困人口增加就业本领，创造就业机会，从而实现脱贫。

（自治县扶贫开发领导小组公共服务专责小组和乡镇战地指挥部组织实施）

（六）实施"医疗救助脱贫一批"行动。对因病致贫、因病返贫的贫困人口，通过帮助解决医疗费用、发展生产和外出务工实现脱贫。实施健康扶贫工程，新型农村合作医疗和大病保险政策向贫困村贫困人口倾斜，对贫困人口参保的个人缴费部分给予适当补贴。加强贫困地区传染病、地方病、慢性病防治工作，全面实施贫困村贫困人口儿童营养改善、孕前优生健康免费检查等重大公共卫生项目，保障贫困人口享有基本医疗卫生服务。加大医疗救助、临时救助、慈善救助等帮扶力度，把贫困人口全部纳入重特大疾病救助范围，使贫困人口大病医治得到有效保障，减轻贫困人口负担。通过社会医疗救助保障，为贫困人口减轻脱贫压力。

（自治县扶贫开发领导小组公共服务专责小组和乡镇战地指挥部组织实施）

（七）实施"社保兜底脱贫一批"行动。对无法依靠产业扶持和就业帮助脱贫的家庭实行政策性保障兜底。完善农村最低生活保障制度，实行农村最低生活保障制度与扶贫开发政策有机衔接，将所有符合条件的贫困家庭纳入农村低保范围，做到应保尽保。加快养老设施建设，对农村无劳动能力、无生活来源、无赡养人抚（扶）养人的特困人员逐步实行集中供养，提高供养水平。构建政府部门救助资源、社会组织救助项目与特困户救助需求相衔接的帮扶信息平台，鼓励、支持社会组织、企事业单位和爱心人士开展慈善救助，做好社会关爱服务工作，完善政策性保障体系，为弱势贫困群众实现同步脱贫。

（自治县扶贫开发领导小组公共服务专责小组和乡镇战地指挥部组织实施）

四　选准方式方法

（一）强化全面推进核桃产业。坚定不移发展核桃产业，持续抓好"万千百十"（县万亩，乡千亩，村百亩，户十株）核桃种植示范基地建设。加大核桃种植管护力度，发展核桃专业合作社，建成较大规模核桃种植加工示范基地。大力扶持贫困户发展核桃林下套种、间种经济作物，努力拓宽贫困户的收入渠道。

（自治县扶贫开发领导小组产业开发专责小组、自治县核桃办和乡镇战地指挥部组织实施）

（二）拓展"整乡推进"试点。继续抓好2014年实施的下南乡开发扶贫"整乡推进"试点工作。从2016年开始，每两年从10个乡镇中选出1个乡（镇）实施"整乡推进"试点，围绕产业覆盖、基础提升、新风新貌、强能增技、民生保障、生态维系、基层组织完善等七大工程，每年每个试点乡（镇）整合投入资金5000万元以上，确保试点乡（镇）农民人均纯收入增长幅度高于全区平均水平，实现整乡脱贫。

（自治县整乡推进专责小组和乡镇战地指挥部组织实施）

（三）深化"整村推进"工作。以60个贫困村为脱贫攻坚重点区域，整合项目资金，确保年度脱帽的贫困村每村投入资金达300万元以上，各乡镇要制定年度脱帽村脱贫计划方案。使贫困村基础设施、特色产业、社会事业、生态建设得到全面发展，农民人均纯收入增幅高于全区平均水平，实现"四有四通三解决"脱贫目标。

（自治县扶贫开发领导小组基础设施专责小组和乡镇战地指挥部组织实施）

（四）探索资产收益扶贫。深化农村产权制度改革，加快土地承包经营权确权登记颁证试点工作步伐。以合作社为经营主体，整合农村发展资源，引导做好土地承包经营权、林权流转，大力推进农户土地股份合作，搞好农户土地承包经营权和农民住房财产权抵押贷款等模式，多渠道促进贫困户增收。扎实推进农村产权交易平台建设，增加群众财产性收入。建立健全资产收益扶贫机制和收益分配机制，实行贫困户收益保底、按股分红。

（自治县扶贫开发领导小组产业开发专责小组和乡镇战地指挥部组织实施）

（五）健全社会关爱服务体系。建立和完善农村留守儿童、妇女、老人和残疾人信息管理数据库。建立乡（镇）村党员、干部、教师"一对一"联系帮扶"三留守"人员制度。积极倡导邻里互助，组建关爱农村家庭互助队伍，引导和鼓励社会力量参与特殊群体关爱服务工作。做好儿童福利保障、社会保护和留守老人、妇女的维权工作，加大对农村幸福院、儿童家园、妇女之家等服务设施的投入力度和运营保障，确保"三留守"人员生活有依靠、有尊严、有保障。建立健全困难残疾人生活补贴和重度残疾人护理补贴制度，对贫困户中影响劳动的残疾人员和慢性病患者，适度资助个人参保资金。

（自治县扶贫开发领导小组公共服务专责小组和乡镇战地指挥部组织实施）

（六）依托广东对口帮扶机制。抓好广东对口帮扶工作，实施好2015年度广东帮扶水源镇三才村内文屯项目建设，改进基础设施建设，促进产业发展，逐步提高贫困群众的收入，编制好2016年及以后各年度广东对口帮扶贫困村新貌新风项目建设计划。

（自治县扶贫开发领导小组基础设施专责小组和乡镇战地指挥部组织实施）

五 加强基础设施建设（年度项目建设计划指挥部另行文下达）

（一）加快交通基础设施建设。提高农村公路建设补助标准，加强村屯道路建设，对居住相对集中、基础条件较好的村屯道路进行硬化，提高村屯道路硬化率，2016年实现所有建制村通硬化路。加快打通乡镇与村，村与村之间的断头路、瓶颈路，到2020年60个贫困村20户以上自然屯实现屯屯通路。建立健全城乡客运管理体制，提高农村客运通达率。围绕扶贫产业开发，建设产业基地道路。加快乡村道路基础设施全面改造，建立完善道路建管养运机制。

（二）加快水利基础设施建设。实施农村饮水巩固提升工程，提高自来水普及率，全面解决贫困人口饮水安全问题。完善中小水利管理机制，支持"五小水利"、大中型灌区续建配套与节水改造、小型农田水利建设。抓好病险水库除险加固工程和灌溉排水泵站更新改造，重点支持防洪抗旱减灾工程建设。实施中小河流治理、小流域水土保持综合治理工程。实施高效节水灌溉工程，完善水利基础设施。

（三）加快电力基础设施建设。推进农村电网改造工程，加大农网改造资金投入，提高全县农村电网装备技术水平，解决贫困村屯、贫困户生产生活用电问题。更新改造贫困村屯供电网络和老旧设施，解决贫困户生产生活新增用电问题。加强农电管理，全面提升农网供电能力和供电质量。到 2018 年，全面解决全县无电人口用电问题。

（四）加快信息基础设施建设。推动光缆入村入屯入户，2016 年行政村宽带信息网络覆盖率达 80%，基本解决义务教育学校宽带接入问题；2017 年基本实现行政村宽带信息网络全覆盖；2018 年基本实现自然屯宽带信息网络全覆盖。实施农村电商扶贫行动，加大"互联网 + 扶贫"力度，完善电信普遍服务补偿机制，加强网络电商基础设施、服务网点和物流配送体系建设，培育发展一批物流集散地，完善农产品冷链物流等基础设施建设；大幅提升农村宽带家庭普及率，抓好"电子商务进农村"试点工作，以点带面，大力推进互联网与开发扶贫深度融合，以信息化助推开发扶贫。到 2020 年，基本实现县有电子商务公共服务中心或电子商务集聚区，乡（镇）有电子商务工作站，行政村有电子商务服务点，贫困户能够通过电子商务销售自产产品、购买生产生活资料。

（五）加快农村危房改造和"美丽环江"乡村建设。积极争取农村危房改造资金，整合农村危房改造、生态移民、避灾移民等相关扶持政策资金，提高贫困户补助标准，加大对农村危房改造的支持力度，2018 年基本完成农村危旧房改造任务。深入开展"美丽环江"乡村建设工作，分阶段实施生态乡村、宜居乡村、幸福乡村建设，突出抓好贫困村环境综合整治，建设贫困村垃圾、污水处理处置设施及大中型沼气工程，大力推进改水、改厕、改灶、改圈工程，加大生态基础设施建设力度，实现农村生活条件明显改善，生态环境明显改观。

六　强化组织保障

（一）强化责任落实。建立健全脱贫攻坚领导责任制，县委、县人民政府对脱贫攻坚负总责，乡（镇）级党委政府承担主体责任。各乡（镇）要参照县级成立脱贫攻坚领导小组和脱贫攻坚指挥部，抽调乡镇直机关单位相关人员集中办公，凝心聚力制定好本乡镇"十三五"脱贫攻坚行动方案和年度贫困村脱贫实施方案，进一步明确脱贫攻坚责任，推动工作落实。坚持把脱贫攻坚当作头等大事来抓，乡镇党委、政府和各村两委主要领导、第一书记签订脱贫责任书，立下军令状，层层压实责任、传导压力，形成县、乡、村三级书记抓扶贫、全党动员促攻坚的局面。建立年度脱贫攻坚报告问责制度，对未完成年度减贫任务的乡镇，要对党政主要负责同志进行约谈，加强问责力度。实行"1086"贫困户帮扶机制（处级干部帮扶 10 户，科级干部帮扶 8 户，其他干部职工帮扶 6 户），每个乡镇都有县领导联系，每个村都有部门挂钩，每个贫困户都有干部职工结对帮扶，做到不脱贫不脱钩。

（自治县扶贫开发领导小组组织保障专责小组和乡镇战地指挥部组织落实）

（二）打造扶贫队伍。坚持选派优秀年轻党员干部担任"整村推进"贫困村党组织第一书记，实行定点扶贫工作队员进驻全县所有行政村，做到扶贫工作队全覆盖。县乡各级各部门要配齐配强驻村人员力量，明确部门承担脱贫攻坚职责，提供必要工作和经费保障，确保工作落实到位。加强各级扶贫干部思想作风建设，加大培训力度，提升能力水平。要切实关心和爱护基层扶贫干部，为他们搭舞台创条件，让他们有干头有盼头。

（自治县扶贫开发领导小组组织保障专责小组和乡镇战地指挥部组织落实）

（三）整合扶贫资源。将财政专项扶贫资金纳入本级财政预算并逐年增加。自治县按当年地方财政收入增量的20%以上增列专项扶贫预算；当年清理回收存量资金中，可统筹使用资金的50%以上用于脱贫攻坚；行业部门每年安排的涉农项目资金，原则上50%以上投向贫困村。县本级财政安排一定财政专项扶贫资金用于2016年脱贫攻坚工作。用好用足用活金融扶贫政策，用好自治区下达我县200万元货币风险补偿奖补资金，力争撬动银行10倍以上资金投入贫困村。广泛动员全社会力量参与脱贫攻坚，发挥各民主党派、工商联、群团组织、社会组织和企业的作用，加强东西扶贫协作、中央和区直单位定点帮扶的协调，开展"千企助百村"活动，引导非公有制企业对贫困村进行产业扶持和基础设施建设帮扶。健全扶贫协作机制、定点扶贫机制和社会力量参与机制。加大金融扶贫力度，鼓励和引导各类金融机构加大对脱贫攻坚的金融支持。推进贫困村互助资金试点工作，支持扶贫龙头企业、合作经济组织发展扶贫产业。

（自治县扶贫开发领导小组资金政策专责小组和乡镇战地指挥部组织落实）

（四）科学考核评价。将脱贫攻坚工作纳入县直各部门和各乡镇绩效考评范围，大幅度提高减贫指标的考核权重。加强督促检查，建立开发扶贫工作逐级督查制度，完善定期或不定期督查指导工作制度。建立完善和实行贫困村脱贫摘帽激励机制，倡导脱贫光荣，鼓励提前脱贫。贫困村按期脱贫摘帽的，市财政奖励 10 万元；贫困村脱贫摘帽后，继续保持扶持政策不变，同步纳入扶贫规划，同步安排扶贫项目资金，同步进行扶贫项目建设，同步驻村定点扶持。

根据《广西壮族自治区贫困县党政领导班子和领导干部经济社会发展实绩考核办法（试行）》，县委对各级领导干部完成脱贫攻坚目标任务情况作出如下奖惩考虑，即从干部选拔任用、评先评优、责任追究等方面提出"十四条"奖惩办法：（1）提前实现脱贫目标或者连续三年考核结果为一等的乡镇，党政班子主要领导优先推荐重用，分管领导优先提拔重用。（2）连续两年考核结果为一等且排名靠前的乡镇，党政班子主要领导择优推荐重用，分管领导择优提拔重用。（3）提前实现脱贫目标的乡镇党政正职，要优先推荐，列为重点考察对象，优先提拔重用。（4）提前实现脱贫目标或者考核结果为一等的乡镇，在全县通报表扬；党政班子及其主要领导、分管领导在评先评优时优先考虑。（5）考核结果为不合格的乡镇，党政班子主要领导、分管领导当年年度考核不能评为优秀等次。（6）年度内有返贫人数超过 3%（因发生不可抗拒的重大灾害返贫的除外）或者连续两年考核结果为三等的乡镇，取消单位及个人当年各类评优评先资格，党政班子主要领导、分管领导第二年年度考核不能评为优秀等次。（7）当年没有完成年度脱贫任务的，取消单位及个人当年各类评优评先资格，党政班子主要领导、分管领导个人当年年度考核视完成情况，评为基本称职或者不称职等次。（8）县直定点帮扶部门所联系村当年没有完成脱贫任务或年度内有返贫人数超过 3%（因发生不可抗拒的重大灾害返贫的除外）的，单位及主要领导、分管领导和驻村第一书记、指导员当年年度考核不能评为优秀，单位绩效考评降一等次。（9）考核结果为三等的乡镇，由县委主要领导约谈党政主要领导。（10）考核结果为不合格的乡镇，对党政主要领导、分管领导进行诫勉谈话。（11）连续两年考核结果为不合格的乡镇，党政班子主要领导、分管领导必须进行调整，其他领导干部一年内不得提拔重用。（12）连续三年考核结果为三等以下（含三等）的乡镇，对党政班子主要领导、分管领导必须进行调整，其他领导干部一年内不得提拔重用。（13）年度内有返贫人数超过 3%（因发生不可抗拒的重大灾害返贫的除外），按照《推进领导干部能上能下若干规定》，对乡镇党政主要领导、分管领导给予调离岗位、改任非领导职务等组织处理。（14）当年没有完成年度脱贫任务的，按照《推进领导干部能上能下若干规定》，对乡镇党政主要领导、分管领导给予就地免职、降职处理。

（自治县扶贫开发领导小组督查考评专责小组和乡镇战地指挥部组织落实）

环江毛南族自治县脱贫攻坚指挥部办公室

2016 年 3 月 4 日印发

参考文献

一 档案

（一）环江毛南族自治县档案馆藏档案，全宗号 2

《兹将本区群众欲迁出（移民）现统计人数及要求意见由》

环江县人民政府：《送毛难族移民工作计划及社会福利费支出预算请核发希执行由》（1953）

环江县人民政府：《毛难族移民计划》（1953）

（二）环江毛南族自治县档案馆藏档案，全宗号 80

《各乡人口、面积、自然屯、户数综合统计表》（1952 年）

《环江县第四区各村牲畜保险情况表》（1952 年 5 月 6 日）

《下南区公所景阳公社各生产队统计材料》（1966 年 12 月 31 日—1967 年 1 月 3 日）

《下南公社农业生产统计资料》（1973 年度）

《下南公社景阳大队农业生产统计资料》（1977 年度）

《下南公社景阳大队农业生产台账》（1980 年）

《毛难族地区经济情况调查统计表》（1982 年）

（三）下南乡人民政府档案室藏档案，无宗号

《环江县第四区乡农友迁移查核表》（1955 年）

《人口变动情况普查统计表（一）》（1964 年）

《各民族人口普查统计表（三）》（1964 年）

环江县人民委员会《社、队设置及户数、人口、劳力统计表》（1972 年）

下南公社景阳大队《农村人民公社一九七二年年终分配统计表》

《农村人民公社一九七二年收益分配统计表》

《一九七二年粮食分配统计表》

《农村人民公社一九七六年收益分配统计表》

《农村人民公社一九七八年收益分配统计表》

《农村人民公社一九七九年收益分配统计表》

《农村人民公社一九八零年收益分配统计表》

《环江县下南公社景阳大队阶级成分登记表》（1975 年）

二　碑刻志书

［清］谭灿元：《谭家世谱》，乾隆五十三年（1788）撰，碑今存下南乡波川村小学内。

［民国］《思恩县志》。

环江毛南族自治县地方志编纂委员会编：《环江毛南族自治县志》，南宁：广西人民出版社，2002。

广西壮族自治区编辑组：《广西仫佬族、毛难族社会历史调

查》，南宁：广西民族出版社，1987。

中共中央文献研究室编：《十八大以来重要文献选编》，中央文献出版社，2016 年版。

三　著作和论文

《毛难族简史》编写组：《毛难族简史》，广西民族出版社，1983。

中国人民政治协商会议广西壮族自治区委员会编《毛南族百年实录》，广西民族出版社，2013。

环江毛南族自治县社会科学界联合会编《世产时代的环江发展优秀文集》，广西人民出版社，2016。

袁道先：《我国西南岩溶石山的环境地质问题》，《世界科技研究与发展》1997 年第 5 期。

王世杰：《喀斯特石漠化：中国西南最严重的生态地质环境问题》，《矿物岩石地球化学通报》2003 年第 2 期。

李宁、龚世俊：《论宁夏地区生态移民》，《哈尔滨工业大学学报》2003 年第 5 期。

许联芳、杨春华、孔祥丽、罗俊：《西南喀斯特移民区土地整理模式及安全对策——以桂西北环江毛南族自治县为例》，《地域研究与开发》2005 年第 1 期。

熊康宁、李晋、龙明忠：《典型喀斯特石漠化治理区水土流失特征与关键问题》，《地理学报》2012 年第 7 期。

庞汉：《加快广西扶贫生态移民对策研究》，《学术论坛》2014 年第 6 期。

曾馥平、张浩、段瑞:《重大需求促创新 协同发展解贫困——广西壮族自治区环江县扶贫工作的实践与思考》,《中国科学院院刊》2016年第3期。

叶静:《广西石漠化地区贫困现状及扶贫模式研究综述》,《广西经济管理干部学院学报》2016年第4期。

李天华:《改革开放以来民族地区扶贫政策的演进及特点》,《当代中国史研究》2017年第1期。

戴全厚、严友进:《西南喀斯特石漠化与水土流失研究进展》,《水土保持学报》2018年第2期。

郑长德:《新时代民族地区区域协调发展研究》,《西南民族大学学报》2018年第4期。

王朝明、张海浪:《精准扶贫、精准脱贫战略思想的理论价值》,《理论与改革》2019年第1期。

李涛、陶明浩、张竞:《精准扶贫中的人民获得感:基于广西民族地区的实证研究》,《管理学刊》2019年第1期。

王朝明、张海浪:《精准扶贫、精准脱贫战略思想的理论价值》,《理论与改革》2019年第1期。

四 其他

各类政府文件、统计资料、汇报、总结,以及景阳村基本信息、建档立卡贫困户数据、"十三五"规划表、"十三五"脱贫工作措施。

《习近平:扶贫切忌喊口号》,人民网·时政频道,2013年11月3日。

韦元科、张志军:《2014年广西精准扶贫成效显著》,广西新闻网,2015年3月13日。

黄炳峰:《精准扶贫　决胜小康——环江县精准扶贫的实践及其经验启示》,《河池日报》2016年4月13日。

李慧:《全国26县集中脱贫摘帽打赢脱贫攻坚战迈出坚实步伐》,《光明日报》2017年11月2日。

中华人民共和国国家发展和改革委员会:《全国"十三五"易地扶贫搬迁规划》,中华人民共和国国家发展和改革委员会规划司网站,2017年5月16日。

后　记

　　本报告所描述和研究的对象是广西壮族自治区环江毛南族自治县的一个小山村——景阳村。环江是我魂牵梦绕的故土，县内的上南、中南和下南俗称"三南"或"毛南三乡"，为毛南族的世居发祥地和主要聚居地。景阳村是下南乡的一个行政村，与我父辈的祖居地——上南同属"三南"，因此，笔者在组织实施这个课题的过程中，一直怀着别样的深厚感情。

　　课题的顺利实施和完成，与来自各方的关切和帮助分不开。下南乡人民政府的谭建明先生，在该乡工作了20余年，先后任副乡长、乡人大主席等职务，并且是景阳村的包村干部，对于乡情村情非常了解。景阳村的谭道远先生，从2005年开始担任村干部，对村庄的发展有强烈愿望，是脱贫致富能手和乡村振兴带头人。课题组每次到下南乡和景阳村，都得到谭建明先生和谭道远先生的鼎力相助，还通过电话和微信等方式，随时向两位先生了解和咨询相关情况。在实地调研过程中，课题组还得到了环江毛南族自治县人民政府相关部门、下南乡党委和乡人民政府、景阳村党支部和村委会的支持，景阳村党支部书记谭联汉先生、村委会主任谭力谦先生、村妇女主任谭柳怀女士以及其他干部群众，对于课题组的深度访谈与问卷调查予以了极大的关照和配合。此外，中国社会科学院研究生院硕士研究生张琳娜女士帮助进行了农户问卷的数据分析。在此，谨向上述机构和个人表示衷心的感谢！最后，要特别感谢课题组的周竞红女士、李晶先生、吴彪先生和李佳航女士，以及毛南族知识分子覃文静女士和卢正华先生，得益于他们的积极参与，课题组不仅顺利完成了调研任务，而且自始至终充满温暖的情谊。

受客观因素的影响，特别是笔者工作任务繁重，无法抽出足够的时间对所有资料进行更加全面深入的分析与研究，因此留下了不少的遗憾。对于本书中的缺点和错误，欢迎读者批评指正！

方素梅

2019 年 3 月 1 日

图书在版编目（CIP）数据

精准扶贫精准脱贫百村调研. 景阳村卷：毛南山乡
脱贫与振兴 / 方素梅著. -- 北京：社会科学文献出版
社，2019.10
　　ISBN 978-7-5201-5340-9

　　Ⅰ.①精… Ⅱ.①方… Ⅲ.①农村-扶贫-调查报告
-环江毛南族自治县 Ⅳ.①F323.8

　　中国版本图书馆CIP数据核字（2019）第172006号

· 精准扶贫精准脱贫百村调研丛书 ·

精准扶贫精准脱贫百村调研 · 景阳村卷
——毛南山乡脱贫与振兴

著　　者 / 方素梅

出 版 人 / 谢寿光
组稿编辑 / 邓泳红　陈　颖
责任编辑 / 宋　静　吴云苓

出　　版 / 社会科学文献出版社 · 皮书出版分社（010）59367127
　　　　　　地址：北京市北三环中路甲29号院华龙大厦　邮编：100029
　　　　　　网址：www.ssap.com.cn
发　　行 / 市场营销中心（010）59367081　59367083
印　　装 / 三河市尚艺印装有限公司

规　　格 / 开　本：787mm×1092mm 1/16
　　　　　　印　张：16.75　字　数：160千字
版　　次 / 2019年10月第1版　2019年10月第1次印刷
书　　号 / ISBN 978-7-5201-5340-9
定　　价 / 59.00元

本书如有印装质量问题，请与读者服务中心（010-59367028）联系